はじめに

　この本は，過去に『たのしい授業』で紹介され，多くの先生方の間に普及した「学級担任の仕事術」のうち，もはや〈定番〉と呼べるくらい，たくさんの先生方に受け入れられている実践，すなわち **「学級担任の定番メニュー」** を紹介するものです。

　経験の浅い新人先生にとっては，子どもや保護者からの反応が良かったことが確かめられている「出会い・別れの自己紹介」や「授業参観・懇談会」の進め方などは，頼もしく，心強い実践報告となるでしょう。またベテランの先生にとっても，忙しい新学期を効率よく乗り切るための「定番学級通信」というアイデアや，教室の雰囲気作りに役立つお楽しみごとの数々の中に，きっと新しい発見があることと思います。

　でも，この本の一番の特徴は，先生自身が **「楽しそうだからやってみたい！」** と思えるということ，つまり **「マネしてみたくなるような実践である」** ということにあります。しかもその多くは，モノさえ用意すればマネるのは簡単なものばかりです。

　そのため，この本には次ページからの口絵で紹介するような小道具がた〜くさん登場します。「一体，これはどんな使い方をするのだろうか？」と，いぶかしがりながらでかまいません。気になったところからご覧になってみてください。

　　　　　　　　　　　　　　　■「たのしい授業」編集委員会

学級開きに〈ブタンガス実験〉を楽しもう！

ブタンガスで楽しもう 34ページ

〈楽しさの先入観〉を生む定番の実験。材料はこれだけ。

1. 試験管にブタンガスを注入
2. −12℃の液化したブタン
3. 火を近づけると、室温で気化したブタンガスに引火
4. 試験管を握る場所を変えれば、炎の大きさも自由自在

ひえひえ〜

ブタンガス聖火リレー 40ページ

実験の最後は「ブタンガス聖火リレー」で決まり！ 無事に聖火をつないだクラスには、良いコトが起こるかも。

オレはオリンピック選手だ〜

写真提供：金井美澪

「あいさつ」「自己紹介」を小道具で一工夫

よろしくカード 22ペ

手の平にのせると，あなたに代わってお辞儀してくれる礼儀正しいカード。照れ屋さんもこれで安心。

型紙です

スケルトン名刺 18ペ

学級開きの自己紹介にインパクトのある名刺を。名刺の穴を覗くと……骨が見える！

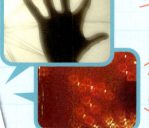

骨!?　ハート♡

まほうのわ 50ペ

鎖のようにつなげた紙の輪。チョキチョキすると大変身！懇談会で使える口上をご紹介。

切っていくと…　紙の輪を…

二つの輪に！　さらに切ると…

四角くなった！

教室で大活躍！「お役立ちグッズ」

ストーンチョコ 25ペ

石そっくりなチョコレート。「担任の自己紹介クイズ」で大活躍のお役立ちアイテム。

見た目は完全な石！

ピンポンブー 67ペ

教室を楽しくする定番アイテム。お楽しみ会はもちろん，授業や懇談会でも大活躍!!

ピンポン先生 69ペ

ワイヤレスインターフォンに動眼をつけただけの正誤判定機（？）。その使い方とは……。

ピンポーン

皿回し 47ペ 224ペ

「はじめはゆっくり……徐々にスピードを上げて……あとは地道に続けるだけ」離任式や保護者会で使える口上をご紹介。

くるくるくる

クラスがほんわかする「遊び＆実験」

よい子テスト 106ページ

手の平に硬貨を重ねて置いて回転させます。よい子なら、手のひらに丸印が浮かび上がるのですが、はたして…。

よい子だ〜！

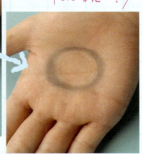

協力のミサンガ 72ページ

二人の協力で編み上げるミサンガ。編み上がる頃には友情も育まれているでしょう。

二人で編んで…

できあがり！

エナジースティック 74ページ 76ページ

エネルギーを感知して、音と光で知らせてくれるチェッカー。
「心は通じあってるかな〜？」——大勢で手をつないで回路を作れば、心もつながる??

子どもの心をつかむ「手品＆小道具①」

スーパーフローティングマッチ 111ペ

カードの上にマッチ棒を乗せ、念力をかけます。……ご覧のとおり！

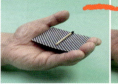

ふわ〜

ふしぎ棒 111ペ

「この切れ込み、ゴムに引っ掛けてみてください」
「えっ、引っ掛からないですって？ いえいえ、もう引っ掛かっているんですよ…」

ワープボール 111ペ

カップからボールを取り出し、ゴニョゴニョと呪文を唱えると……消えたはずのボールが出現！

ボールが入ってます
ボールを取り出して……
ゴニョゴニョ〜！
消えたはずのボールが！

レインボーストリーマー 44ペ 121ペ

「不安でいっぱいの新学期、でも素敵なスタートが切れるように先生が魔法をかけます」――エイッ！
「みんなの未来も虹色に輝いてます！」なんて口上はいかが？

黒い布に魔法をかけます

エイッ

虹色になりました！

子どもの心をつかむ「手品＆小道具②」

変形リング 121ペ

一瞬で四角が丸に変わる手品。教室に「拍手する文化」を広めよう！

四角が丸に！

ティッシュのマツタケ 95ペ

まさか本物?! いえいえ，ティッシュです（笑）その使い方は…。

これが　こんな風に！

魔法使いの絵本 43ペ

真っ白な絵本……でもこれじゃつまらないということで「エイッ！」学年集会で使える口上をご紹介。

真っ白？　絵が出た！

色がついた！

マジックフライヤー 146ペ

ゴム動力で羽ばたくチョウチョのおもちゃ。「羽ばたけ」のメッセージを込めて卒業生に贈る，なんて使い方も。

わ〜！

「教室掲示」「懇談会」にピッタリ!

なまえデザイン

78ペ 81ペ

ひらがなの名前をくずしてデザインする楽しい自己紹介。
「これは誰の名前かな?」なんてやり取りが自然に起こります。

写真提供:二宮聡介　　写真提供:谷 岩雄

教室掲示にも!

折り染め

151ペ 221ペ

懇談会で折り染め講習をしてみたら,保護者にも大好評!

卒業シーズンに保護者から喜ばれる「子から親へ贈る手紙」。心のこもった手紙の台紙にも。

写真提供:長嶋照代

懇談会でも!

マネしたくなる 学級担任の定番メニュー

目次

たのしいことならマネしたい
- ●マネできるって偉いこと？ ………………………… 伴野太一 　4

1 小道具で演出！「出会い」＆「別れ」

生徒指導主任の自己紹介 ●最初がかんじん！………… 廣瀬真人　18

4月の学級開きに よろしく！カード ………………… 二宮聡介　22

自己紹介でたのしい第一印象を
- ●65歳になってもウキウキ教師……………………… 粟野邦雄　25

〈大切にしたいこと〉を表明しました
- ●〈学級開き〉の紹介文にこめた思い ……………… 富田秀紀　29

授業プラン〈ブタンガスで楽しもう〉
- ●出会いの授業にピッタリ！ ………………………… 音田輝元　34

勉強の楽しさを知る第一歩 ●ブタンガス聖火リレー…… 金井美澪　40

学年集会で 魔法使いの絵本 ●中学3年生へのメッセージ… 中野隆弘　43

出会いと別れを虹色に ●レインボーストリーマー………… 中村　文　44

離任式で皿回し ●小さな力でも加え続けると…………… 海老澤良弘　47

「まほうのわ」で，はなむけの言葉
- ●〈こころをモノで表す〉あいさつ ………………… 西岡明信　50

2 学年・学期始めに「ほんわか雰囲気作り」

新学期，これだけやれば
- 子どもたちと仲良くなれます……………………… 木下富美子　58

＊本文タイトルのそばに記してあるのは，原稿の初出年月日です。
〔例〕（初出　No.300，05・10）＝ 2005年10月号

ピンポンブー は超おすすめ
　●たのしい教師のつよ〜い味方………………………………… 斉藤香代子　67

〈ピンポン先生〉はおすすめです…………………………… 西岡明信　69

協力のミサンガ　●ほんわか雰囲気づくりに ………………… 厚井眞哉　72

回路と一緒に心もつながる！ エナジースティック………… 坂下佳耶　74

出会いの授業でエナジースティック………………………… 横山裕子　76

なまえデザインで自己紹介…………………………………… 谷　岩雄　78

やってみました〈なまえデザイン〉
　●新学期の掲示物としておすすめ……………………………… 二宮聡介　81

「自己紹介ビンゴ」のすすめ
　●学級開きのちょっとしたアイディア………………………… 根本　巌　84

「今月の唄」は 本当におすすめです
　●ココロがちょっとほっこりします…………………………… 扇野　剛　87

1年生と「20のとびら」　●「聞くこと」が楽しくなる… 木下富美子　95

悩み相談ゲームはたのしいぞ………………………………… 島　百合子　101

本当の姿がわかる?! よい子テスト………………………… 萠出　浩　106

誕生日には手品を　●僕と子どもたちをつなぐ楽しみごと… 内山美樹　111

拍手の練習……………………………………………………… 宮地祐司　121

3　メッセージを贈ろう！「おたより」&「学級通信」

〈夏休みの宿題〉は，おすすめです………………………… 伊勢革観　126

道徳・読み物プラン 夏休みの宿題………………………… 峯岸昌弘　127

先生から？ 暑中見舞い！
　●休み明けのドンヨリ，なんとかしたいですね ……………… 小原茂巳　140

●装丁・扉イラスト：いぐち ちほ　●口絵デザイン：竹田かずき
●写真撮影：泉田 謙　●本文カット：TAKORASU，かえる社，川瀬耀子，渡辺次郎

合格お守り年賀状 ………………………………………… 小沢俊一　146
もらってうれしい年賀状 ………………………………… 水口民夫　149
手紙の台紙は折り染めで　卒業式に親に贈る手紙 ……… 小沢俊一　151
最高の思い出を手紙にして
　●2年間の感謝の気持ちを手紙に込めて ………………… 伴野太一　158

ラクなのにグーな **定番学級通信**
　●クラスのスタートの時期に ……………… 小原茂巳／中 一夫・編　168

4　これで安心！「授業参観」＆「懇談会」

なごやかな雰囲気で伝えられたらいいな
　●学年はじめの参観日・懇談会 …………………………… 久朗津祥江　194
お母さん達と盛り上がる！　保護者会で交流ゲーム ……… 奥 律枝　206
コレであなたも「たのしい学級懇談会」
　●笑顔の出る懇談会をめざして …………………………… 田辺守男　209
懇談会で折り染めをしました！ …………………………… 長嶋照代　221
保護者会で〈皿回し〉 ……………………………………… 山路敏英　224
中学生活を知ろう
　●保護者にも喜ばれた「クイズ／中学1年生に聞きました」の授業 … 高橋善彦　231

　　　　　　　　　　お役立ちグッズのご案内　　　252

---

*₁ 本文中の商品価格は，主に2016年3月時点の参考価格です。
*₂ 本文に登場する「仮説実験授業」とは，1963年に教育学者・板倉聖宣さんによって提唱された教育理論です。また，本文中の《 》で囲まれたものは，仮説実験授業の「授業書」です。これは「教科書 兼 読み物 兼 ノート」で，印刷すればそのまま授業ができる授業プランを指します。詳しくは，『仮説実験授業のABC』『たのしい授業の思想』（ともに仮説社）などをご参照ください。

(初出 No.334, 08・3)

たのしいことならマネしたい
●マネできるって偉いこと？

伴野太一 東京・小学校

● **はじまりは仮説社フェア**

　教師1年目，右も左もわからなかった私の授業は本当に悲惨でした。自分が小学生だったときに受けた授業の記憶だけを頼りに，なんとか授業をこなす毎日。でも，本当はそんな小学校のときの授業の記憶なんて頭の中に存在しないんですね。つまり，〈記憶を呼び起こす〉というよりも，〈記憶を無理矢理作り出している〉という感じ……。

　自分のクラスの子どもたちに対しても，「この子たち，ちょっとズレてたらとなりの小川先生のクラスにいたはずなのに，オレのクラスになっちゃって，かわいそうだな」と，よく思いました。

　小川先生というのは，仮説実験授業研究会会員の小川 洋さんです。当時私と同じ学年（3年生）を組んでいて，教師1年目の私の指導教官でもありました。

　その小川先生が，授業がヘタクソでビシバシやっていて子ども

たちから嫌われているような先生だったら，私も少しは自信をもって我が道を進んでいたでしょう。しかし，小川先生はすごく人気者でした。授業はうまいし，子どもたちのたのしそうな声がよく聞こえてくるし，教室には知的好奇心をくすぐるようなおもちゃがたくさんあるのです。小川先生には「若さ」だけではクリアできない人気が，他の先生よりもう～んとたくさんありました。

　私はそんな小川先生の人気を目の当たりにして，自己嫌悪におちいってしまいました。このような事態から少しでも脱出しなきゃと思い，手始めに小川先生が誘ってくれた〈仮説社の春のフェア〉に行ってみることにしました。小川先生と一緒に高田馬場の駅から歩いたのを覚えています。

　＊仮説社は 2015 年 10 月に高田馬場から巣鴨へ移転しました。新住所等は 254 ページをご覧ください。

　仮説社といえば，はじめ，私の中ではドデ～ンと大きなビルを構える出版社でした。しかし，実際に見た仮説社は想像を遥かに上回る小ささでした（笑）。

　でも中に入ったらそこはとっても広かったんですね～。見たこともないおもしろそうなおもちゃや実験器具などで溢れていて，とてもすぐには見きれないという意味で，「とっても広かった」んです。

　わからないものは仮説社や，そのへんの人に質問しながら片っ端から見ていき，結局その狭い空間に 2 時間半くらいいました（今でも仮説社フェアではたいてい 2 時間半くらいは長居します）。

　とにかく必死にたくさん買いまくりました。おかしなもので，最初は自分のために見ていたはずなのに，「おもしろい」「たのし

い」というものを見ているうちに自然と「これ,あの子たちよろこぶかな〜」と,「子どもたち」のことばかり考えていたのです。それでつい必死になってしまったというわけです。

　話が少しそれますが,教員になる直前,小学校の現場に入ったことのなかった私は,東京・府中市の小学校でボランティアをやることにしました。そのときにお世話になった先生が,放課後自分の教室に置いてあった花を手入れしながらこんなことを話してくれました。

　「教員になったらね,自分のお給料の中から少しでもイイからこういう教室に置くものを買うとイインですよ。毎月5000円くらい。私はお花とか人形とか,本を買うんです」

　それを聞いたとき私は「うそ〜! 5000円も仕事のためになんか使えるかよ〜っ!! 絶対やらないだろうな〜!!」と思いました。けれど実際,初任給で買ったのは自分のためではなく子どもたちのためのおもちゃだったんです。しかも万単位で。コレには我ながら驚きました。

＊仮説社フェアは,毎年,お正月・春・秋の3回行われています。たのしい授業・仮説実験授業関連の書籍や実験道具の販売だけでなく,たのしい手品,おもちゃのほか,フェアだけの特別セットやアウトレット,ものづくりコーナーなどが特設されます。フェア開催の最新情報は,仮説社のHPやフェイスブック等でお知らせしています。

●マネの方法──まず〈モノをそろえる〉

　仮説社フェアでおもちゃを買ってから,私の中でなにかひらめくものがありました。「マネ」をしようと思ったのです。

　「小川先生みたいになりたい!」そう思って,まずできること

は「マネ」だと思いました。「授業が上手なのはしょうがない。けれど教室に置いてあるおもちゃとか手品とか，そういったものならマネできる」と。

　そこで作戦決行。誰も職員室に残っていない夜遅く（8時半くらい）に一人，1組（小川学級）に忍び込む黒い影……，つまり私です。そこで片っ端からおもちゃをチェックしていきました。さすがに移動するのは失礼ですから，手を触れない範囲で見せてもらいました。

　仮説社フェアで買ったおもちゃのなかには，小川学級にあるものがたくさんありました。けれどまだ2組（私のクラス）にないものもたくさんありました。

　一番驚いたのは，きれいな本がビッシリ並んでいたことです。うちのクラスには長年誰にも読まれていない，図書室をクビになったようなボロボロの本しかなかったので，まずその量に驚きました。しかも，小川先生のクラスには，物語ばかりでなく，マンガも大量に置いてあったのです。それも図書室に置いてあるような『はだしのゲン』や『火の鳥』などといった真面目な（？）マンガじゃなくて，『ドラえもん』とか『名探偵コナン』とかなのです。「なんでこんなマンガがあんだよ～っ!!」と，夜の学校で一人叫んでしまいました。

　チェックしたおもちゃや本は，思いつく限りおもちゃ屋さんや古本屋で探して買いました。ないときはインターネットで調べたりもしました。今でもチェックは欠かせません（もう夜の侵入はないですけど）。

●**スパイに聞く!!**

マネしたのは，モノだけではありませんでした。

その頃，放課後になると小川先生のクラスのちいちゃんと，のんちゃんという女の子がよく私のところへ遊びにきていました。何をするでもなく，とりとめのない話をしてくれるのです。でもそんな2人は私にとって格好の「スパイ」でした。〈小川先生が今日，授業でどんなたのしいことをしたのか〉を何気なく，かつ唐突に聞くのです。

「あのさ，今日，なんか5時間目に1組でたのしそうな声がしてたけど，何してたの？」

「え～っ?! 5時間目？ あぁ，ビデオ観たんだよ。『パンダコパンダ』っていってね～……」

「はいっはいっ，ちょっとまってね。パ・ン・ダ・コ・パ・ン・ダ（メモメモ）。それで，それは何の時間？」

「学活～っ」

「ふ～ん。が・っ・か・つ（メモメモ）」

次の日，早速ウチのクラスの学活に『パンダコパンダ』（高畑勲演出，宮崎駿脚本）が登場しました（笑）。

また，ある日のこと，怒鳴り声が隣から聞こえてきたことがありました。放課後また2人のスパイに聞くことにしました。

「誰が，いつ，何をして，小川先生が怒鳴ったのか。なんてお説教したのか」なんてことまで細かく聞きました。さすがにそのときは「なんでそんなこと聞くの？」なんてかなり不審がられましたが，ちゃんと教えてくれました。小川先生は黒板に「程度の問題」と書いて，わかりやすく話をしてくれたそうです。

次の日，ウチのクラスでもお説教をしなくてはならないことが起こりました。当然，私は黒板に「程度の問題」とバカでかく書いて，昨日２人に説明してもらった言葉をソックリそのまま２組の子どもたちに話しました。あたかも自分の言葉のように，子どもたちにお説教です（笑）。

　でもそんなことばかりしていたら，ちいちゃんやのんちゃんに私が何をしたいのか，感づかれてしまったようです。ある日，いつものように「１組の今日の出来事」を聞こうとしました。

　「あのさ，今，社会ってどんなことやってんの？」

　「えっとね～……その前に，あの本見せてよ」

　……なんと，まだ２組の子にも見せていない，教卓の後ろの棚に入れてある新しい本を要求されてしまいました。仕方なく見せて，なんとか情報を得ることができました。

　そのうち「あ～，このおもちゃもマネしてる～。バンセン（バンのセンせい），マネばっかじゃ～ん。いけないんだ～。小川先生に言いつけてやる」——と，だんだん２人の態度がでかくなっていきました。今では，完全に私をなめきっています（笑）。

　でも，この２人のスパイのおかげで，私は急成長を遂げることができました。とてもありがたい存在でした。

● 〈マネも主体性のうち〉ということ

　こうして何でもかんでもマネマネマネで，馬鹿の一つ覚えみたいでしたから，私のクラスの子どもたちも次第に「伴野先生は隣のクラスで何かおもしろそうなことがあると，すぐ同じことをやってくれるみたいだ」と気付いていきました。

たまに1組が給食の時間に「ドラえもん」のビデオを見ていると，当然のように私のクラスの男の子たちが「1組ドラえもん見てるよ！　2組はいつ見せてくれんの?!」と言うのです。なんかたのしそうなものづくりを1組でしているときもそうです。
　私は偉いからそこで，「ヨソはヨソっ!!　ウチはウチ!!」なんて言わないで，「なにっ?!　それは本当か!!」と，同じドラえもんなり，ものづくりなりを，すぐにするのです。
　それは私の中では「できる限り小川先生のクラスよりも多く，自分のクラスでたのしいことをしたい。負けてたまるか！」といった感じだったのですが，うまい具合に子どもたちの要求にも応えられた結果となりました。
　そんなある日，私に小川先生がこう言ってくれました。
　「伴野さんは，すぐマネするのがイイよね。子どもたちもマネしてくれる先生って，好きなんじゃないかな。マネできるって偉いよね」
　小川先生の「マネできるって偉い」という言葉の意味は，なんだかよくわかりませんでした。でも，「ほめられている」ということはわかったので，そのときは単純に嬉しかったです。
　ところが，つい最近になって，小原茂巳さん（明星大学特任准教授）の話の中で，あの時の小川先生の言葉の意味がわかったのです。それは小原さんが〈仮説実験授業をやり始める人のエライところ〉という話をしていたときのことでした。
　「〈仮説〉ってさ，ある意味マネじゃない。授業書があって少しやり方さえ学べば，誰だってマネできるようにできてんだよね。〈え〜，だけどそれってただマネしてるだけじゃん。自分の主体

性がないってことじゃない？〉って思う人もいると思うんだよね。けれどそれは違って，〈仮説〉を知った人全員ができるわけじゃないんだよ。アレは不思議だね。やるには必ず〈コレをやるぞ‼〉って気持ちがなきゃできないんだよ。〈仮説〉をやる人は最終的に〈コレだっ‼〉って自分で〈仮説〉を選んでいるんだよね！ この最後の〈やるぞ〉って決断こそ主体性そのもの。そこが**〈マネすることは主体性がなきゃできない〉**ってことなんだよ」

 私の記憶テープなので，正確ではないのですが，こういった話でした。

 つまり，「マネ」っていうのは一見，〈何も考えないで人のやったことをそのままやること〉って思ってしまいがちなんですが，〈そのマネだって「主体性」がなきゃできない〉ということだと，ここではじめてわかったのです。

●マネする仲間の「はじめの一歩」

 「仮説をやり始める人」の具体例を１つ挙げます。私がいつも行っている「昭島・たのしい教師入門サークル」に，市原辰徳さんという，私と同じ年に教員となった仲間がいます。彼も私と同じく大学時代に仮説実験授業を知って，〈たのしい教師〉を目指して教師になった人なのです。

 仮説実験授業はたのしくて，子どもたちも受け入れてくれるということを知っている彼は，「当然，教師になったらすぐに〈仮説〉を始める」と思っていたそうです。けれど，実際，教師になって１年目というのは，想像し得ない程悲惨な毎日が待っているわけ

です。授業だけでも精一杯なのに，事務仕事や校務分掌，その他た〜くさんのことがあるのです。

そうしたことに必死になっているうちに，「〈仮説〉は○○○が終わってから」「いやいや，今度は×××が終わらないとまだできない」と，どんどん言い訳を見つけて先送りにして，気付いたらずっと〈たのしい授業〉をしていない状態だったのです。

市原さんが〈仮説〉をやらなかった理由はたくさんあると思いますが，その中にはきっと〈「マネ」に対する抵抗〉＝〈プライド〉もあったのではないかなと思います。

そんな市原さんに転機が訪れました。2006年の夏，私と一緒に市原さんは初めて仮説実験授業研究会の全国大会に行きました。彼はそこでショックを受けたというのです。〈仮説〉の全国大会に行くと，全国からたのしい教師が集まってきていて，「子どもの笑顔」のため，「自分のシアワセ」のためにいろ〜んなたのしい情報が飛び交っています。そんな中にいて，市原さんは少しずつ昔の「仮説やるぞ〜っ‼」と思っていた自分を思い出していったそうです。

その証拠に彼は全国大会の3日間で，合計2万5000円の買い物をしたのです。それはどれもこれも子どもの喜ぶ顔をアタマに思い描きながら，ワクワクした勢いで買った，教材やたのしいおもちゃなんです（始まりは私と一緒ですね）。

大会から1ヵ月後，2学期が始まる3日前の夜に市原さんから電話がかかってきました。出てみると「今終わったよ！」との声が。「夜の9時半に何が終わったんだ？」と聞くと，彼は2学期にやる授業書を3本も印刷したと言うんです。なんか私まで嬉し

くなってしまいました。

 それから2学期が始まってすぐに,市原さんは〈仮説〉を始め,子どもたちのステキな感想文を自慢してくれました。

 「マネしよう」と思っていても,いざ「やろう‼」って腰をあげる,その勢いがないとできないんですね。〈はじめの一歩は大きな一歩〉と,小原茂巳さんがよく言うのですが,その「大きなはじめの一歩」は,やはり主体性なのです。「マネ」は誰でもできるものだけど,〈できる〉と〈やる〉ではだいぶ違うみたいです。「マネ」って,実は奥が深いわけです。

 マネばかりしていた私を小川先生がほめてくれたのは,その主体性をほめてくれていたのでした。

●マネには創造性がないか

 さて,「マネってそんなに悪いことではないよ」と主張してきたわけですが,そもそも「マネをしてほめてくれる人」というのは,普通そんなにはいないと思います。現に,私も小川先生にほめられるまで,「マネ」についてほめられることなんて「モノマネがうまい」という以外ではなかったからです。

 逆に「マネすることはイイことではない」と言われたり聞いたりすることは,今までの人生でたくさんありました。学校で図工の時間に作品を作るときも,国語の時間に文章を書くときも,よくそう言われました。

 そういえばこんなことがありました。

 私が小学校6年生のとき,図工の時間に「大きな板を使って箱を作りましょう」という授業がありました。みんな自分で考えた

本箱とか貯金箱とかを作っていたのですが，私は人と同じものを作りたくなかったのです。更にみんなが驚くようなモノを考えていたのでした。

　私が考えていたのは，〈お菓子の「チョコボール」の箱を，そのまま木で作る〉というものでした。本物そっくりに作ってみんなを驚かせてやろうと，いろいろと工夫を凝らしました。「ムラウチ」というショッピングセンターに金具を買いに行ったことまで覚えています。あのクチバシの部分まで忠実に再現して，見事なチョコボールの箱を作りました。

　もちろん，友達はみんな驚いてくれました。私としてはすごく面白いものを作ることができて，みんなが驚いてくれて大満足だったのです。

　しかし，図工の先生は私に「コレはただのマネだから，自分で考えたのにしなさい！」と言い続けていました。それらの作品は市の作品展に向けて作ったものだったのですが，作品展を見に会場の市役所に行ったところ，気のせいでしょうか，私の作品は一番ハジに飾られていました（笑）。

　飾られていた場所はさておき，それら一連のことはすごく思い出になっています（ちなみにその箱は現在，伴野家の食卓で「ふりかけ入れ」として使われています）。

　〈マネは自分の考えではないから〉＝〈創造性に欠けるから〉という理由で，「あまり良くないもの」として捉えられています。私が作った「チョコボールの箱」も，結局「自分の考えがない＝創造性に欠ける」と言われていたわけです。

●マネは創造性からはじまる

 では,〈マネ〉することは本当に〈創造性を欠くこと〉になるのでしょうか。いいえ,そんなことは決してないようです。
 板倉聖宣さんは『科学と教育のために』(季節社)という本の中で,こんなことを言っています。

〈自分を決定的に大事にして発想する〉

 「惚れたり真似たりした方がいい」と思うようなことは,向こうの方が優れているに決まっているんです。だからそういうものは真似っこすればいい。しかし,わからなくなったら,仕方なしにあきらめて自分で考える。「これは相手がおかしいのではないか」ということで,ここで自力でやってみればよいのです。これが創造力を伸ばすカギだと思うのです。
 ところが,普通の創造性論議は逆になっています。「惚れてはいけない,真似てはいけない,自分のものを出せ」とばかり言っているものですから,こっそりとつまらないところばかり真似るようになります。こういうことは日本ではずーっと強い傾向で,最近はますます「創造性を気どる」というふうになってきて,あぶないことだと思っています。

―― (略) ――

 一つ最後に言っておきたいのは,結局,「創造性などということは他人の目を意識して問題にするんじゃなくて,自分自身がわかったらわかったものを受け入れ,わからなかったらわからないものは受け入れない。そして自分自身を大事にして発想する。これが基本的に創造性のもとなんだ」ということです。こういうことを言ってくれる人があまりいないので特に強調しておきたいのです。
(「日本に科学が生まれそこなった歴史」119ペ)

この文を読んで初めて〈マネ〉と〈創造性〉ということのそれぞれの意味を理解できたように思いました。
　普通〈マネ〉というと「誰でも簡単にできるもの」として考えられていて，だからこそ「そんな安易な考えは自分の創造性を働かせなくする」というふうになってしまうようです。しかし，〈マネ〉はそもそも「主体性」を伴うものだから決して安易ではないのです。
　また，板倉さんは〈創造性〉というのは何もないところからは発生しないことで，ある物事に対して「んっ？　それは違うんじゃないか？」という問いかけがあって初めて生まれるものだと言っています。
　だから「違うんじゃないか？」と思うためには，その前に〈自分が信じて受け入れてきたもの〉が必要なんです。それを受け入れるのが〈マネ〉なんですね。
　私の場合，大学生のときに小原茂巳さんの授業を受け，そこで仮説実験授業を知りました。まず小原さんを目指して教師になって，そして今はいつもそばにいる小川先生のマネをしているわけです。それは，「いいなあ，そうだよなあ」と思って，自分で選択してきたことです。
　「わからないこと，納得しないこと」といっても，それは単に「今の自分にとって」ということです。この先，納得できるようになるかもしれないし，納得しないままかもしれません。
　その結果，マネをするにしてもマネしないにしても，その選択は私の考え方，生き方を示すことになるでしょう。私にとって〈創造性〉というのは，そういうことだと思っています。（おわり）

1 小道具で演出！

「出会い」
＆「別れ」

(初出 No.390, 12・3)
生徒指導主任の自己紹介
●最初がかんじん！

廣瀬真人（まさひと） 滋賀・小学校

今年，生徒指導主任になって，ついに学級担任から外れてしまいました。「担任するクラスがない」というのは，「あ～ぁ」と残念な感じです。

でも，「生徒指導主任という立場だからできることもあるはず」——そう考えて，自分なりに楽しく過ごしていくためにも，前々からやってみたかったことを実行してみました。

■ **自己紹介クイズ**

生徒指導主任となると，全校の子どもたちに関わることになり，時には注意をしたり叱ったりしないといけません。ところが，私は注意をしたり叱ったりするのは苦手です。とくに，「全く名前も知らない子」に注意するのは，こちらの気がひけてしまいます。それに，私の学校は約1000人の子どもたちがいるので，その子たちの名前を全部覚えるのはちょっと無理……。

けれど，生徒に私の名前を知ってもらい，「ああ，こんな先生なんだ」という印象を持ってもらっているだけで，お互いの関わり方はちがってきます。そこで，35学級ある全クラスに自己紹介へ回ることにしました。

でも，ただ自分の名前を言うだけではおもしろくないし，印象にも残りません。そこで，以前『たのしい授業』に載っていた「自己紹介クイズ」をすることにしました（小原茂巳「自己紹介はクイズで」『ぜったい盛り上がる！ ゲーム＆体育』仮説社，参照）。

自己紹介クイズは，自分のことを選択式のクイズにして子どもたちに答えてもらうというものです。今までも，新しいクラスを担

任したときには、始業式のあとに必ずやっていて、好評でした（これだけで、子どもたちにはいい先入観を持ってもらうことができたと思っています）。担任だったこれまでは、自分の名前に関するクイズはしていなかったのですが、生徒指導主任として回る今回は、自分の名前の読み方に関するクイズからやることにしました。

でも、じつはコレ、昨年、担任している特別支援学級の生徒（1人しかいない）が欠席して、1日空きができたとき、自習している3年生の学級に補教にいって大ウケだったものです。そのクイズとは……

> ［質問］先生の名字は「廣瀬」（ひろせ）ですが、名前は「真人」と書きます。いったい何と読むのでしょう？
> ア．まじん　　ウ．まさと
> イ．まひと　　エ．まさひと

正解は、エの「まさひと」なのですが、子どもたちには、「ア．まじん」が大ウケ。そのあと、3年のたくさんの子どもたちが「まじん先生！」と、親しみを込めて声をかけてくれるようになったのでした。

この経験から、今回はこのクイズを一番に出すことにしました。このクイズで、そのクラスの雰囲気というのがけっこう分かります。「アハハ」と笑いながら、たくさんの子が「ア」に手を挙げるクラスもあれば、「そんなふざけた答えに手を挙げるのはダメだ」という感じで、だれも手を挙げないクラスもあります。でも、この自己紹介のあとは、どのクラスでも「まじん先生」と声をかけてくれる子が多くなり、笑顔であいさつしてくれる子が増えました。

時間の制約もあり、自己紹介クイズはもう一問ほどで切り上げるのですが、大体これで「つかみはOK」という感じになります。

■叱る5つの基準

自己紹介クイズのあとは、いよいよ生徒指導に関わる話です。私をどこかのクラスの担任だと思っている子もいれば、ちょっと知っている子は、「おおぞら（特別支

援学級)の担任やろ」という子もいます。まずは,生徒指導主任の役割についての説明です。

私「生徒指導主任というのは,悪いことをした子を怒ったり,注意したりするのが仕事だと思っている子もいると思うけれど,本当は,こういう仕事なんです」

みんなが楽しく
学校に来られるようにする仕事

「そのために,次の5つのことに注意してほしい」と話しました。それは,山路敏英さんの「叱る5つの基準」です(滝本 恵「笑顔と秩序のある教室・授業のために」No.287,山路敏英「〈叱る5つの基準〉は研究中です」No.289参照)。私はこんなフリップを作って話をしました。

▼こんな事はやめてほしいな
　(しかります)
1. 危険(きけん)
2. 迷惑(めいわく)
3. 失礼(しつれい)
4. ずるい
5. 下品(げひん)

この基準は,子どもたちにもわかりやすく,私も説明しやすくてよかったです。

■ 名刺をプレゼント

そして,時間の終わりに名刺のプレゼントです。この名刺には,私の名前と,どんな仕事をしているか,好きな言葉,好きなことが印刷してあります。

名刺の右下には穴が開いていて,「ここをのぞくと?」と書いてあります。子どもたちは,これを見て,「なにー??」と興味津々。そこで使い方の説明です。

私「まず,この穴を目に当てて,明るい方(窓の方)に向きます。そして片手を伸ばし,指先を見ると……骨が見えます! ここに貼ってあるシート(ホロスペックスフィルム)は,〈レントゲンシート〉とも言います」

生徒たち「えぇー，気持ち悪ー！」

そのうち，カンのいい子は「先生，窓枠にも骨が見えるー？」と言い出すので，そこで種明かしに移ります。

私「実は，骨が見えているのではありません。骨のように見えているだけです」

さらに続けて，

私「このシートには，もう一つ見えるものがあります。シートを目に当てて前を見てください」

みんなが前を向いたところで，LEDの懐中電灯をパッとつけます。すると，生徒たちは「ニコちゃんマークが見える‼」「スマイルマークや！」と，またまた歓声‼なかには，「ハートが見える⁉」という子も混じっています。

実は，ほんの少しハートに見えるシートも混ぜてあって，それが当たった子は「ラッキー！」という仕組みです。〔口絵参照〕

最後に，「そのシートで花火を見ると楽しいよ」と付け加えて，私の自己紹介タイムは終わりです。短いときは15分，ゆっくり時間を使わせてもらえたクラスでは，40分くらいかかりました。

■自己紹介の効果は

当初の予定では，1学期のあいだに全部の学級（35学級）に回るつもりでしたが，学級の都合や私の都合もあって，結局は，半分くらいしか回ることができませんでした。

今回出向くことのできたクラスには，以前に担任クラスのあった関わりの深い学年もあれば，今まで全く関わりのなかった学年もあります。ですが，今まで関わりのなかった学年の子どもたちが，この自己紹介のあとで，「まじん先生おはよう」とか，廊下で「まじん先生！」と手を振ってくれるようになったのが印象的です。

残りの学級にも，2学期にはなんとかして回りたいと思います。

＊本文に登場するホロスペックスフィルムは，仮説社で販売しています。
♡ハートが見える「ホロスペックスフィルム10枚セット」（5cm×5cmの10枚入り）――税別1000円（1枚でスケルトン名刺約25人分）。
♡ハートが見える「ラブラブメガネ」――税別300円。送料等は254ぺ。

(初出 No.405, 13・4)
4月の学級開きに！

よろしく！カード

二宮聡介　大阪・小学校

●出会いの授業に

　毎年，4月の学級開きでは，スケルトン名刺（『ものづくりハンドブック6』仮説社）を配っていました。しかし，今年は持ち上がりになり，「昨年と同じことでなく新しいことをしたいな」と思いました。その時に思いついたのが，「よろしく！カード」です。〈曲がる紙スプーン〉（『ぜったい盛り上がるゲーム＆体育』仮説社）の仕組みを使って，出会いの授業ができるのではないかと考えました。

　〈曲がる紙スプーン〉は，手のひらに乗せるとくるっと曲がるおもしろいものづくりです。ぼくはその型紙をスプーンではなく，人がおじぎをしている絵にしました。さらに，人の絵と同じサイズの画用紙に，渡す本人の名前と「よろしく！」の文字を書き，人の絵の足の部分とセロテープでくっつけるのです。そうすると，足の部分が固定されるので，手のひらの上におくと，頭の部分だけ起き上がって来て，頭をさげている（あいさつしている）ように見えるのです。〔口絵参照〕

　ぼくは，4月の出会いで使いましたが，それ以外にも使えそうです。夏休み明けに使うなら「残暑お見舞いもうしあげます」，新年のあいさつとして「あけましておめでとうございます。今年もよろしくおねがいします」というのも良さそうです。

　新学期，子どもたち一人ひとりの手の上に「よろしく！カード」

を置いていきます。手に乗せるとすぐにおじぎをするので，子どもたちは「わーっ」とか，「きゃーっ」と言って喜んでくれました。もらう順番を待っている子が，もうもらった子の方を椅子から立ち上がって見るくらい，大喜びしてくれました。

あげたカードをふでばこにいれていまだに大事に持ってくれている子もいます。保護者の方で連絡帳に「毎年，学級開きを工夫してくださって，ありがとうございます」と書いてくださった人もいました。うれしかったです。

●**家庭用プリンタで印刷できる**

「曲がる紙スプーン」を作る時は「トレーシングペーパーは，厚口のものが良い」とありましたが，今回，ぼくは薄口を使いました。薄口の方が早く曲がるからです。それに，あいさつをするのですから，しっかり曲がってほしいと思ったのです。

大量に絵を描くには，パソコンを使っての印刷が便利です。「トレーシングペーパーに印刷するには，レーザープリンターでないとできない」と聞いていたのですが，「インクジェットプリンターでも印刷できたよ」と，吹田仮説サークルの富田秀紀さんが教えてくれました。

そこで，インクジェットプリンターでやってみました。インクののりが良くないので，乾く前に触るとインクがとれて絵が消えたり，手が汚れたり，めんどくさいことになります。そういう問題はありましたが，「インクジェットで印刷できない」ということはありませんでした（コピー機では，薄紙は詰まる場合があるので注意）。

「よろしく！カード」をつくるのには，たくさんの人にお世話になりました。絵は義理の姉に描いてもらいました。印刷は板坂裕子さん（高槻ラッキョの会）にお願いしました。印刷できたものは，富田さんが届けてくださいました。「なんてぼくはわがままなんだ」と思ったのですが，どうしても，この「よろしく！カード」を作ってみたかったのです。みなさん，ありがとうございました。

☆作り方
① トレーシングペーパーに2cm×7cmサイズの絵を描き,長方形に切り取る。
② 2cm×7cmの白い紙に名前と「よろしくおねがいします」という字を書く。
③ ①と②の紙の下部分をセロハンテープを貼って固定する。

☆遊び方
(a) 相手の手のひらの上に,「よろしく!カード」を相手が字が読める向きに置く。
(b) ほんの少し待つと「よろしく!カード」がおじぎをする。

　おじぎをしたあとの絵は,机の上に置くと,だんだんともとにもどります。

＊

下は「よろしくカード」のイラスト型紙です。コピー機で153％拡大してお使いください。色は自由につけてください。

(初出 No.376, 11・3)

自己紹介でたのしい第一印象を
～65歳になってもウキウキ教師～

粟野邦雄(あわの くにお) 北海道・小学校（講師）

●なかなか来ない辞令

2009年の3月，小樽の小学校から「理数臨時講師をしてくれないか？」という話がありました。「この歳でも声をかけてもらえるの⁉」と内心驚きましたが，また子どもたちと理科を楽しめると思って引き受けました。65歳になっていましたが，2月まで小学校の理科支援員をやったり，小学校のスキー学習講師のボランティアをしたりしていたので，体力的にはまだ大丈夫という自信はありました。

引き受けてからさっそく，「新指導要領と旧指導要領の理科と算数」を比較してノートにまとめたり，3年生から6年生までの理科の年間計画や，栽培・採取の年間計画を作成したり，そしてもちろん仮説実験授業の授業書の実施計画を立てたりして準備を整えていましたが，4月15日を過ぎてもなんの音沙汰もありません。16日にようやく市教委から提出書類が届きました。全ての書類を提出した4月22日に，市教委から「5月1日付で辞令が出る予定です」と言われました。

ところが辞令がなかなか出ず，勤務予定の小学校の理科の先生方の「もう理科がパンクしそう！」という言葉で，校長が再三，市教委に問い合わせた結果，「辞令はまだ出ないが，本人が出られそうなら出ても良い」ということになり，5月11日から小学校に勤めることになりました。辞令は30日にやっともらいました。

●たのしい第一印象を

子どもたちが「理科の先生がきてくれる！」と，ものすごく期待して待っていると聞きましたの

で，全校朝会での挨拶を工夫しないといけないなと感じました。

これまでは，着任最初の全校朝会では，他の先生方もいますから「型どおりの挨拶」をしてきました。しかし今回は「理科の先生はどんな先生だろう？」と，ものすごく期待してくれている子どもたちの眼差しが予想できます。第一印象がとても大事です。5月にたった一人の紹介ですから，他の先生のことは気にしなくても良いのです。

「うーん，どうしよう」と悩んでいたら，何とタイミングが良いことに，4月のサークルで渡邊真紀子さん（小樽・小学校）が，離任式の挨拶のレポートをしてくれました。「これだ！サークルって本当に助かるな」と，サークルの互いに刺激し合い，学びあう良さを，また実感しました。

さらに「あのな検索」（『たのしい授業』掲載記事の検索サイト http://anona.skr.jp/tanoju/）で調べると，ありました，ありました。そこから全校朝会でできそうなものを選び，短時間でできるようにアレンジしました。また，自己紹介には石チョコを使うことにしました〔下の写真＆口絵参照〕。石チョコはずっと前に北海道の講座で購入して，当時受け持っていたクラスで紹介しましたが，それ以来，買ったことがなかったので，どのように手に入れるのか知りませんでした。だから石チョコを探すのが大変でした。

木曜日にネットの楽天で買おうとしたら，木曜日の注文でも，何と翌週水曜日配達となっていて，月曜日に間に合いません。小樽のコンビニ各店，生協を探しましたがありません。そこで，小樽にあるショッピングセンターの2階の，ぐちゃぐちゃの怪しげな店のことを思い出しました。行ってみると，ありました！　その店の前に置いてあった100円のガチャガ

本物そっくり！ストーンチョコ

チャで買えました。さらに同じ建物の1階の100円ショップにも,別な会社の石チョコがありました。こうして石チョコをそろえることができたのが土曜日。なんとか月曜日に間に合わせることができました。

● **自己紹介はクイズで！**

月曜日の朝,校長先生から紹介の後,子どもたちの前に立ちました。全員のきらきらした瞳がまぶしいくらいです。

「おはようございます。校長先生から紹介されたあわのくにお先生です。3,4,5,6年生の理科と1,2年生の算数を教えに来ました。それでは先生の自己紹介をかねてクイズです。先生はどこで生まれたでしょうか。
①アメリカで〈ハロー〉と言って生まれた。
②インドで〈ナマステ〉と言って生まれた。
③中国で〈ニーハオ〉と言って生まれた」

一瞬間をおいて,6年生が「中国だ」と小さな声をあげました。

「おー,さすが。はい,正解です。中国で生まれました。中国の台湾で生まれました。次の問題です。私は中国4千年の歴史のある国で生まれて,修業しました。そこで,普通の人が食べられない物が食べられるようになりました。それは何でしょうか？
①鉄を食べられるようになった。
②木を食べられるようになった。
③石を食べられるようになった」

……沈黙。

「それは,これです」と言って,ポケットから石チョコを一握り取り出して,両手をあけてみんなに見せて,「この石ころが食べられるようになりました」と言い,口にほうりこんで,噛んでみせました。低学年は,「おー」と声をあげましたが,6年生の中に「チョコだよ」と小さな声で言う子がいました。

「では,みなさんにこの石を分けてあげましょう。賢い子は,食べられますが,そうでない子は石になります。どうぞ,食べてください。先生の自己紹介は,これで終わりです」と言って,あいさつ

を終わりました。

　石チョコをもらった子どもたちは、もらったチョコをちょっとの間じっと見ていましたが、担任の方を見て「食べていいの？」と確かめてから口にしていました。「あ、チョコだった！」という声があがりました。

●楽しい授業に後押しされて

　この日から、3年生、4年生の理科の授業が始まりました。子どもたちは、「粟野先生の理科はとても楽しくなりそう」と、口々に言いながら理科室に入ってきました。おー、なんて可愛い子どもたちだ！　これから、いいこと、始まりそう。お互いに良い第一印象を持つことができました。

　朝会の時に「石だよ」と言った6年生のクラスは、次の火曜日に授業がありました。その時に、「U先生知っている？　U先生はスペインの石だと言って、同じチョコをくれたよ。あの時おもしろかったな。U先生のようにドライアイスでサイダー作ってくれる？」と言われました。

　U先生とは、小樽サークルに顔を出していた人でした。あー。それで分かったんだ、納得。やはりサークルの力はすごい。

　子どもたちも、楽しい授業や、楽しいもの作りは、いつまでも心に残っているんだな、とあらためて思いました。そうなのです。私も「理科が楽しかった」という子どもたちの声に後押しされて、65歳になっても教師を続けているのです。それは、「たのしい授業」があるからに他なりません。

　これまで、子どもたちから「理科が楽しいよ」というたくさんの声をもらえたのは、仮説実験授業と研究会の先生方や小樽サークルの小浜真司さんはじめ、みなさんのおかげです。

　今度の学校では好きな理科と算数だけということもあって、毎日が楽しくて、うきうき気分で学校に通っています。　　（2009.6.20）

＊「石（ストーン）チョコ」は仮説社でも販売。45gと100g（税別各250円と500円）。送料等は254ペ。自己紹介でのクイズについては木下富美子「笑いのおこる先生の自己紹介」『最初の授業カタログ』（仮説社）もご覧ください。

(初出 No.418, 14・3)
〈大切にしたいこと〉を表明しました
● 〈学級開き〉の紹介文にこめた思い

富田秀紀　大阪・小学校

年度初めの取り組みを紹介

　私の勤務校では，年度初めに，「〈学年・学級開き〉に関する資料をまとめた冊子」が全教職員に配られます。これは毎年，先生方の自主的な編集によるもので，経験が多い人も少ない人も，不安な新学期をスムーズにスタートできるように配慮されています。学年開きのプログラム参考例だったり，〈学級開き〉や〈授業開き〉の指導方法などが具体的に示されていたり……。書籍から引用されているものもありますが，ほとんどが身近な先生たちの実践というのがイイです。「さて，今年はどうしようかな」と悩んでいる人にとっては，真似できそうなものを選べる構成で，かなり中身が濃いのです。

　今年（2013年），その冊子を毎年編集されているアツコ先生から「富田さんの〈学級開き〉ってどうしてる？　どんな感じかちょっとまとめてくれない？」と誘われました。私が〈学級開き〉で意識していること，やっていることはいつも同じです。それはすべて仮説実験授業研究会から学んだこと。今まで冊子に紹介されていた内容には，いつも「すごいな〜」と感心させられていたので，その一つに，〈自分の実践〉として載ってもいいのかな？という気持ちがありました。

〈揺るぎない思い〉を静かに表明

　でも私にはこだわってやり続けてきたことに〈静かな自信〉——こんなんやってますけど，興味があったらぜひ聞いてねという〈大きな自信〉は当然もっています。

なので，遠慮がちな気持ちは自然に消えていきました。そして，アツコ先生をはじめ，みなさんがどのように受け止めてくれるかにも興味が湧いてきたので，引き受けることにしました。

分量はＡ４判サイズ１枚。ちょこっと文章を書いて，昨年の授業開きの様子を紹介している学級通信を貼り付けて……そんなレイアウトが頭に浮かびました。気楽に書き始めたのが次の文章です。

出会いの授業で〈楽しさの先入観〉を

富田秀紀

　新学期，４月の始業式……私が出会いの日に大切にしたいことは，子どもたちに「たのしい！」と思ってもらえる授業をすることです。
　「どんな先生かな？」と子どもたちが思っているのは当然のこと。出会いの授業は大切にしたいなあと思います。「次はどんなたのしいことをやってくれるのかな？」「これからどんなたのしいことがあるんだろう！？」という期待を持って学校に来てもらえたらうれしいし，それに応えるような授業やたのしいことを用意し続けたいなあと思っています。
　私が出会いの授業で定番にしているのが〈ブタンガスで楽しもう〉です。科学の授業ですが，火を使うとてもインパクトのある授業。「これからもたのしい授業してくれそうやな」と一人でも多くの子どもたちが感じてくれればうれしいなあと思っています。〈楽しさの先入観〉を持ってもらえますように，そして，その先入観を裏切らないように，〈一日一楽（たの）〉を心がけるようにしています。
　「最初が肝心」ということにとらわれ，「ルールの徹底」を意識したスタートを切る場合，その指導が自分にとって継続的なものになるのかどうか（自分に合った指導なのか）を見極めなければ，子どもとの関係は〈悪い循環〉に陥ってしまいます。これは「最初」だけではないと思っています。〈良い循環〉を生み出す術は，本当に人それぞれでしょう。〈たのしい授業〉をやり続けることで〈良い循環〉を生み出し，子どもとの関係を深めていくことが，私の理想です。

（2013.3.26記）

共感してもらえたら嬉しい

アツコ先生に原稿を渡しました。すると，すぐに読んでコメントしてくれました。

「そうやな。自分に合った指導をやり続けることが大事やんな。さすがやなあ〜。ここ赤線引いといていい？（笑）タイトルもええわ〜」

それだけで私は満足。アツコ先生のお人柄から，褒めてもらえる予想はあったんです。だけど，今回「せっかく全教職員に配られるのだから〈静かな自信〉としてアピールしておこう」と強く意識して書いたところに注目してくださったのが，とてもうれしかったのです。

尊敬するアツコ先生に共感していただけたのは，仮説実験授業研究会から学んだことを自分なりに表現できたからだと思っています。自分にも「〈たのしい授業の思想〉が感覚的に身についてきたのかな？」と思えるとうれしいし，さらなる自信が湧いてきます。

＊

授業開きの冊子が配られてから少し経った頃，しばらく開いていなかった中 一夫さんの『学校現場かるた』（仮説社）を読み返しました。すると「そうそう！　このことやん！」というものが続々と出てきました。

もちろん以前から何度も読んでいるわけですから，中さんの言葉をお借りしていることが多々あると思います。けれど，「あの本にこう書いてあったから」という意識ではなく，自然に表現できたことが素直にうれしかったです。そして，改めて『学校現場かるた』をいつもそばに置いておこうと思ったのでした。

今回のテーマ（学級開き）で，「そうそう！　このことやん！」と思った〈かるた〉はこれらでした。

「一時の流行〈共通理解〉」
「４月の流行〈最初が肝心〉」
「最初が肝心　笑顔が肝心」
「不安の連鎖の生活指導」
「自分を隠して〈一致団結〉」
「たのしいことは惜しみなく」

どの言葉も，私の中にしっかりと根付いています。

（2013.4.2 記／7.27 加筆）

実際に発行している学級通信

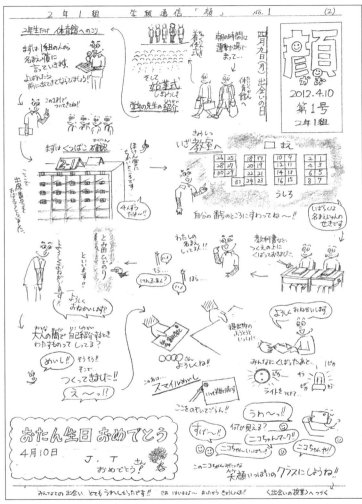

↑ 昨年度のスタートは〈スマイルめいし〉でごあいさつ（谷水 聡〈最初の出会いは，名刺で「どーも」〉『最初の授業力カタログ』，野呂茂樹「スケルトン名刺」『ものづくりハンドブック６』ともに仮説社）。

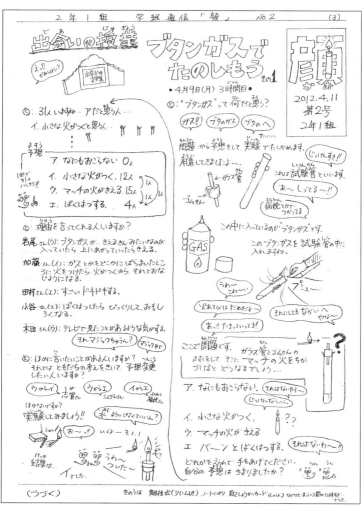

↑ さらに，出会いの授業の定番〈ブタンガスで楽しもう〉（音田輝元〈ブタンガスで楽しもう〉『最初の授業カタログ』仮説社，次ペにプランを再録）

(初出 No.180, 97・3／『最初の授業カタログ』より抄録)

授業プラン〈ブタンガスで楽しもう〉
●出会いの授業にピッタリ！

音田輝元 大阪・小学校

〈たのしさの先入観〉の効果

　この出会いの授業をはじめてもう10年以上になるのですが，新しいクラスになると，「バカの一つ覚え」のように，この授業プラン〈ブタンガスで楽しもう〉(36ぺに掲載)で始業式の日を楽しんできました。もちろん結果は大成功！（授業の様子のレポート「たのしさの先入観をプレゼント」『最初の授業カタログ』仮説社，もあわせてご覧ください）

　この〈ブタンガス〉で子どもたちに〈たのしさの先入観〉をプレゼントすることに成功した私は，そのあと仮説実験授業やたのしい授業を，毎回とてもなごやかな雰囲気でスタートすることができるというわけです。

　なにせ始業式といえば，子どもたちにとっては期待と不安で揺れ動いています。「新しい先生はどんな先生かなぁ？」「友だちは誰と一緒になるのかなぁ？」と，心はとても緊張しているものです。もちろん私たち教師も，始業式といえば程度の差はあれ緊張しているものです。この期待と不安で緊張した始業式の一日を「子どもたちも教師も〈ブタンガスの実験〉でともに楽しみ，〈心のあんま〉をしよう」というのです。

　この〈心のあんま〉に成功したならば，子どもたち一人ひとりの心の中に，先生に対する〈たのしさの先入観〉が生まれ，その先入観は間違いなくその後の実践にとても効果的に作用するようになるでしょう。

　そしてこの〈ブタンガスの実験〉によるたのしい出会いは，

教師の心の中にも〈やる気・その気〉を育てるキッカケともなることを忘れてはならないでしょう。この〈たのしさの先入観〉の試みは、もしかすると、この〈教師のやる気を育てる効果〉が一番大きいのかもしれません。

◎実験に用意するもの〔口絵参照〕
①ブタンガス…ガスライター用ボンベ。スーパーやタバコ屋にある。1本400〜500円位。
②試験管
③穴あきゴム栓　④ガラス管

■授業する際の注意
〔問題2〕では、火をつけたまま予想を立てるのはやめた方がいいです。少し触れたり揺れたりするだけで気化が促進され、火が大きくなって答えが分かってしまう心配があるからです。実験の時には、手でにぎると同時に、ちょっと試験管を振ると火はより大きくなります。

〔お話〕は、時間がないときはプリントを渡さず、先生の簡単な説明で終わらせてもかまいませんが、〈ブタン聖火リレー〉は必ずやってください（40ペの記事も参照）。このブタン「−12℃」の印象は強烈で、これで一気にたのしい雰囲気ができあがるように思えます。

このとき私は、「今年もたのしいことをやりたいので、仲良くしてくださいね！」とお願いの言葉も必ず言うようにしています。握手なんかすることもあります。このときの雰囲気、本当に楽しいですよ。

〔編注〕ブタンガス実験について、海老澤良弘さん（東京・高校）からは次のようなアドバイスをいただきました。
（1）「試験管は内径16〜20mmくらいのものを使うと、ガスがたまりやすく、また手で握ったとき（温めたとき）の反応もよいです」
（2）「実施するときは必ず予備実験を行うことが大切です。事故が起きるのは、**恐がってビクビクしながら実験を行う時**と、**スケールアップした時（慣れてきて規模を大きくすること）**です。恐がりすぎる必要はありませんが、かといって油断した時にこそ事故が起こることに注意してください」

授業プラン〈ブタンガスで楽しもう〉

——プラン作・音田輝元（大阪・小学校）——

　○年○組のみなさん！　○学期が始まりました。「もっと休みがほしいなぁ……」と思っている人もいるかもしれませんが，残念ですが，こればかりはどうすることもできません。今日からは〈新しい気持ちになって〉楽しく勉強していきましょう。

　それではさっそくですが，あなたもこれから出す問題に，いろいろ考えながらたのしく予想を立てて実験してみてください。

　さて，あなたの予想は当たるでしょうか？

＊＊＊

〔問題１〕ライター用のガスの詰め替え容器の中に「ブタンガス」が入っています。この「ブタンガス」の液体を試験管の中に入れて，ガラス管を通したゴム栓で図のように試験管の先を留めることにします。

　そこで今度はマッチに火をつけて，ガラス管の先に近づけていきます。すると，どんなことが起こるでしょうか？

予想　ア．なにも起こらない。
　　　イ．ガラス管の上に火がつく。
　　　ウ．バーンと爆発する。
　　　エ．マッチの火が消える。

　みんなの予想を出し合ってから，実験してみましょう。

どうでしたか？　あなたの予想は当たりましたか。

　マッチの火をガラス管の先に近づけていくと，ボッと火がつきました。

　それでは次の問題です。

〔問題２〕今度は，先ほど実験した試験管の下の部分を強くにぎることにします。すると，ガラス管の先についている火はどうなると思いますか。

＊問題の意味が分かったら，試験管の火はいったん消してから予想を立てるようにしましょう。

予　想

　試験管を強くにぎったら……
　　ア．火は消える。
　　イ．火は大きくなっていく。
　　ウ．今度こそ爆発する。

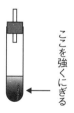
ここを強くにぎる

　どうしてそう思いますか。みんなの予想を出し合ってから，実験してみましょう。

お話「ブタン分子は－12℃」

　どうでしたか。〔問題２〕の予想は当たりましたか。試験管の下のところを強くにぎってやると，なんとガラス管の先の火は大きくなりました。それなら，試験管の下の部分をにぎるとどうしてこんなに火が大きくなるのでしょうか。試験管の中に入っているのは「ブタンガス」ですが，あなたはどうして火が大きくなるのだと思いますか。

　じつは，試験管の中に入っている「ブタンガス（ブタン分子）」は，常圧（１気圧）では「－12℃」で沸騰し始め，液体から気体になって空気中に飛び散っていこうとします。教室の温度は，だいたい（　　）℃ですから，「試験管の中のブタン分子は気体になろうとして激しく沸騰している」というわけです。そこにマッチの火を近づけると，ブタン分子は空気中の酸素分子と化合して火がつくのです。

　さらに，そのような性質のブタン分子が入っている試験管の下をにぎるのですから，人間の体温（36℃）が加わって温度が高くなり，ブタン分子はいままで以上に激しく沸騰して気体になろうとして，その結果「火は大きくなる」わけです。

ブタン聖火リレー

 では最後に，みなさんもこの「ブタンガス」の入った試験管を一人ひとりにぎってみることにしましょう。
 でもその前にちょっと予想してみてください。「−12℃」って，冷たく感じるでしょうか？ それとも熱く感じるのでしょうか？
 あなたはどちらだと思いますか。

＊ブタン分子は，液体から気体になるのが素早いために，比較的安全に「教室の中でもたのしい実験ができる」わけです。しかし，比較的安全だからといっても，先生がいないところではくれぐれもしないようにしてください。

ブタン分子

勉強の楽しさを知る第一歩に
● ブタンガス聖火リレー

金井美澪(みれい) 神奈川・小学校

4年生になってから1ヶ月がたちました。新しい環境のなか1ヶ月間とっても頑張ったね,という気持ちを込めて,いつもとは違う科学の勉強をしました。

クラスの中にも理科好きな子がいるようですが,わたしも小学生の時から理科が好きで,大きくなって何やらムズカシイ理科の勉強をしているときでも,理科はずっと好きでした。けれども,勉強を続けていて「すごい!」って驚いたり,感動したりすることはまったくありませんでした。

でも,大学生の時,私の勉強に関するイメージがガラッと変わったのです。それは,ある先生の授業を受けたからです。そこではじめて,〈勉強ってすごく楽しくて,魅力的なものだ〉と知りました。しかもその先生は,以前に道徳の授業のお話*に出てきたトシちゃんなのです!(=山路敏英さん)

* 〈ともだち〉(『生きる知恵が身に付く道徳プラン集』仮説社,に収録)。

そこで,「みんなにもこの1年で,できるだけ〈勉強すること〉の楽しさを知ってもらえたらいいな」——そんな思いも込めながら,楽しさを知る第一歩として,ブタンガスの勉強をすることにしました。

授業の様子

「ブタンガス」は、ライターに入っているガスです。100円ショップなどで、詰め替え用のボンベが売っているのを見たことがある人もいると思います。

問題は2問やりました。それぞれ予想をして、それについての理由も言ってもらいました。ドキドキとハラハラが入り混じった空間の中、実験は進んでいきます。

最後に、みんなに聖火ランナーになって全員に回してもらいます。このブタンの火が付いたまま全員に回ることができたら、この1年とってもいい1年になるといわれています。みんなは全員回すことが出来るかな。

といって、ブタン聖火リレーをしました。

もちろん，楽しいけれども危険もあわせ持っていることなので，入念に注意点を伝えます。

　△ 相手に向かってガラス管の先を向けない／のぞかない

　△ はげしく振らない

「危険と楽しいは隣り合わせだから，実験は楽しいけど，注意しないでやると，楽しくなくなっちゃうから守ってね」「こわい人は見てるだけでもいいよー」といったことを伝えたら開始です。

先生まで届いたので…

　せいこーう！！

　　　いえーい！！！

ということで，無事ブタン聖火リレーは大成功。

　子どもたちの感想も，全員「5・とっても楽しかった」でした。

　きっとこれからの1年間もこの日みられたようなはじける笑顔でいっぱいになることでしょう。

(初出 No.418, 14・3)

学年集会で
魔法使いの絵本
□中学3年生へのメッセージ

中野隆弘
東京・中学校

こんにちは。中野です。理科を担当します。よろしくおねがいします。みんなは3年生になりました。ここでちょっとこれまでの2年間を振り返ってみましょう。

まず，1年目。不安と期待を胸に中学校に入学しました。右も左もわからなくて真白な状態でした。(『魔法使いの絵本』をパラパラめくると白いページがでてくる▼)。

2年生になって，大分学校のことも分かってきて，後輩もできて輪郭ができてきました(パラパラめくると，今度はモノクロの線画が現れる▼)。

3年生になって，今度はこの輪郭に自分らしい色をつけていきます(さらにパラパラめくると，今度は先ほどの絵に色がついたものが現れる▼)。

新しいクラスでいろいろな色の人たちが集まりました。僕は，クラスや学年がステンドグラスのようになるといいな，と思います。ステンドグラスって，赤や青や黄色などのいろいろな色が入ってい

ます。でも，そのいろいろな色が変に干渉することがなく美しいまま調和し，全体としても美しい色になっている。そういうクラスや学年になるといいな，と思っています。元気な人やおとなしい人がいて，それぞれの人がそれぞれの場面で活躍できる場所があるといいな，と思います。いろいろな個性の人がいるというのは，クラスや集団を豊かにしてくれます。

それから，僕は3年生がすきです。1年生というのは，自分のことしか見えないことが多くて，まわりのことを考えて行動することがあまりできないけれど，3年生になるとまわりのことも考えられるようになるし，迷ったりしながらも人生の話や大人の話ができるようになるからです。これからも大人の話をしていきましょう。今年もよろしくおねがいします。

＊口上を覚えるだけで誰でもマネできるお手軽マジック『魔法使いの絵本』（税・送料別1800円）は仮説社で販売しています。

出会いと別れを虹色に
□レインボーストリーマー

中村　文（あや）　福岡・小学校

仮説社に「レインボーストリーマー＊」という手品グッズがあります。以前，日吉仁さん（佐賀・小学校）から実際に手品をしているところを見せてもらいました。基本的に手品をするのが苦手な私にとって，「これは楽しそうだし，簡単だ！」と思い，すぐに購入しました。

購入後，当時担任していたクラスの子どもたちにも見せると大喜び！　私も嬉しくて，何回も何回も手品を見せました。そして，レインボーストリーマーは私が最も得意とする手品グッズになったのでした。

＊「レインボーストリーマー」（税別2300円）は，黒い布が一瞬で虹色に変化する手品。口絵参照。仮説社で販売しています。送料等は254ぺ。

全校の子どもたちの前で…

今から2年前異動となり，3月

に離退任式がありました（私の勤務している市は、3月に離退任式があります）。「全校の子どもたちの前でどんな事を話そうか？ でも、泣いちゃってうまく話せないかもしれない…」と考えていた私は、話の最後にレインボーストリーマーを披露することにしました（マンガ①参照）。

——手品を披露した瞬間、子どもたちからは大歓声が!!

離退任式が始まる頃から私は泣きそうで、私が話している時もクラスの子の中には泣いている子もいたみたいです。でも手品をした瞬間は、「お互い笑顔になれたかな」と思いました。

離退任式後には、他学年の子どもたちから、「もう一回手品やって！」と話しかけてきてくれました。

別バージョンも！

そして、4月。新しい学校での赴任式です。赴任式前、校長先生に「人前で話すとき緊張してしまうので、手品をしてもイイですか？」と聞いてみたところ、「いいよ！ どんどんやって」と言われました。ですから、赴任式でもレインボーストリーマーで手品を

して赴任の挨拶を行いました（マンガ②参照）。

　手品を披露したら，子どもたちから自然に拍手が！　その後の担任発表でも，「5年1組，中村文先生」と私の名前が呼ばれると，「わーー！！やった！手品の先生だ！」と歓声が起こりました。

　また，赴任式後に校長先生と会うと，「文先生〜‼　あのマジックほんとよかったよ〜‼」とものすごく喜んでくださってました。

　　　　＊

　異動した時には，子どもたちも私も，お互いを知らない状態です。どちらとも，緊張するのは当然だなぁと思います。しかし，手品をやることでちょっぴり緊張もほぐれ，手品を通じてお互いにニッコリしたスタートが切れるかな（？）と思います。

　レインボーストリーマーはとても簡単な手品です。すぐにできます！　別れと出会いにレインボーストリーマーを使った手品はいかがでしょう？

(初出 No.417, 14・2)
離任式で皿回し
●小さな力でも加え続けると…

海老澤良弘
東京・高校

○いよいよ離任式

　S高校ともいよいよお別れ。「離任式で生徒さんたちに何を話そうかなあ……」と悩みましたが，寂しいお別れにはしたくないなあと考えました。そこで考えたのが皿回しです。

　終業式のあと，引き続き離任式がありました。離任者の列に並ぶボクの姿に気づいた何人かの生徒さんは，ビックリしています。

　転任者の真面目な挨拶が続く中，いよいよボクの番です。ボクの次に話をする方には，「皿回しをするので話しにくくなってしまったら，ごめんなさい」と話をしておきました。それを聞いて「エッ！」と驚いていましたが……。

　「1年生の全クラスで授業をできたのはこの高校へ来て今年が初めてです。1年3組の生徒とは，たった1時間だけどいい思い出になりました」。──そう言うと，《爆発》の授業を最後にやった1年3組の生徒さんたちから拍手が上がりました。そう，1年3組をボクは担当していなかったのですが，担当している先生が「学期末考査も終わり，やることがない」と嘆いていたので急遽ボクが授業をもらって《爆発》の授業を一緒に楽しんだのでした。

　「気の利いた挨拶はできそうにないので，芸をお見せします。離任式で芸を見せるというのも滅多

にないと思いますが、皿回しをします！」

そう宣言して、手提げ袋から皿と棒を出し、回しはじめます。生徒から「オーッ」と声と拍手が上がりました。

「初めはゆっくりと回し、回り始めたらだんだん早く回す。一度回ってしまえば、こんなこともできます」と言って、皿を投げ上げ棒でキャッチ。またも歓声が上がります。

○こんなお別れの言葉

さらに、こんな言葉を付け加えました。

「S高校は開校7年目で、伝統というものがまだない学校です。行事でも部活でも、もちろん勉強も、最初から大きな力で何かやろうと思ってもダメなんです。初めはゆっくりでも、少しずつ力を加え続ければどんどん上手く回っていきます。大きな力ではなくても、小さな力でも加え続けることが大切です。一度上手く回ってしまえば、力を加えなくても上手く行くのです。これが〈慣性の法則〉なのです。

S高校はまだ新しい学校で回り始めたばかりです。在校生の皆さんも小さな力でも加え続けて大きな伝統を作っていってください」

1年間通して持っていた1年5組の女の子の何人かが泣いているのが見え、ボクの目頭にも熱い物が……。

そして、離任の挨拶も終わり、生徒さんたちの作る列の間を退場する時にも声がかかったり、やはり後ろ髪を引かれる思いがありました。

○生徒さんから好かれていた？

午後の新入生招集日のための会場準備に体育館へ戻ると、1年5組の女の子たちに取り囲まれました。「なんで行っちゃうの！」「戻ってきてよ！」「先生の化学が好きだった……」「皿回しにもビックリしました」などなど、うれしい言葉が続きます。

またも熱い物がこみ上げてきて、もうボクには「ありがとう！」という言葉しか言えませんでした。本当に本当に幸せなお別れで

す。その後も何人もの生徒さんたちから,「なんで行っちゃうの!」と言われました。自分で思っていたよりも生徒さんから好かれていたんですね?!

その他にも,1年3組の女の子が,「海老澤先生,授業の時に最後の授業と言っていた理由がわかりました。ありがとうございました」と言いに来てくれました。ボクも「たった1時間だけだけど楽しく授業ができました。ありがとう!」と,お別れしました。

○先生方からも,イイ評価

離任式を見ていた先生方からも,「あんな芸を持っているなんてスゴイ!」「手に何か持って舞台に上がったので,きっと何かやるのだろうと思っていたけど,皿回しとは恐れ入りました」なんて喜ばれました。

さらに「離任式で皿回しをするだけでも驚きなのに,それを基に挨拶できるなんてスゴイ!」とお褒めの言葉を受けました。

夜の先生たちのお別れ会の宴会でも皿回しは大人気。「やらせて!」とみんなの手を次々に回っていきます。「どこで売っているか教えて!」と言う声まで(皿回しの道具は仮説社で購入しました)。

S高校でのボクは本当に幸せでした。生徒さんたちからも歓迎され,その記録は『たのしい授業』にも沢山載せてもらえたし……。でも疲れました。

○後日談

ところで,新しく異動した学校の生徒さんたちが,ボクのことを見て話をしています。「あの先生,すごいんだぜ! 皿回しが出来るんだ!」──廊下を歩いていてこんな話が聞こえてくると,笑いをこらえるのが大変でした。高校生の情報交換能力は非常に高く,ビックリしました。

こんなふうに,皿回しは離任式だけではなく良い出会いのキッカケにもなりました。

＊初心者用皿回しセットは仮説社で販売中。本体1000円。送料等は254ペをご参照ください。

(初出 No.417, 14・2)

「まほうのわ」で，はなむけの言葉

● 〈こころをモノで表す〉あいさつ

西岡明信 大阪・支援学校

● モノを使って，あいさつはイイ

　僕は，人前で話をすることが苦手です。そのため，あいさつをする時には，なにか〈たのしいモノ〉を紹介して，そのモノに話をこじつけるという方法を取るのが，僕の中で定番になりました。今まで，離任式や着任式で〈キラキラ花火〉，保護者懇談会で〈皿回し〉〈ストロー吹き矢〉，交流会の自己紹介で〈おりぞめ発表会〉（いずれも『たのしい授業』仮説社）などをやってきました。聞いている人は，僕が普通に話すよりも，よく聞いてくれるし，見てくれるし，楽しんでくれるし，喜んでくれました。

　10年近く前のことですが，受け持っていた中学3年生（5名）の最後の保護者会でしたあいさつが予想以上に保護者の方にも，同じクラスの先生にも好評だったので，紹介します。

　以前に，『まほうのわ』（折井英治・折井雅子作，藤島かおる絵，大日本図書）という絵本を読んで，〈いろいろな紙の輪を切って，

どうなるか?〉というのをやってみたことがあります。なかなか楽しかったのですが,「〈授業プラン〉にはできそうにないな」と思っていました。その後,偶然『ものづくりハンドブック1』(仮説社)

の中で,〈紙の輪〉を使って,保護者懇談会で話をされた報告が載っているのをみつけました(賀川敦雄「ぼくの学級懇談会 子の心,親知らず」)。

　この2つの内容をうまく組み合わせれば,〈中学部3年生の1年間を振り返って,しかも高等部へ進学するにあたってのお話〉ができると思いつきました。そこで,自分なりに口上を考えてみました。

　懇談会前日の放課後,あいさつに使う材料の準備をしているところへ,同じクラスの先生がやってきました。「明日の懇談会の最後に,僕がビシッとシメさせてもらっていいですか?」とたずねると,「いいよ。実は,黙って最後に(あいさつを)西岡さんに振ろうと思っててん」と,快諾してもらいました(笑)。

● 「まほうのわ」の口上
〔準備するもの〕
・紙テープを5本……模造紙や色画用紙を5cm幅で50cmくらいに切って作ったもの。紙テープの5cm幅の真中には線を引いておく。
・はさみ,のり

〔口上〕

　当日，懇談会は同じクラスの先生が仕切ってくれて，和やかに進んでいきました。懇談会終了10分前というところで，「最後は，どうしても西岡先生がビシッとシメたいと言ってますんで」と僕に振ってくれました。おきまりの（？）「ええっ！　そんなん聞いてないですよ……」と言いながら，「あいさつ」を始めました。

①1つの輪

西岡「では，シメさせていただきます（笑）。ええっと，さっきもお話していただいたんですが，3年生になって，新しいクラスになりました。そこで，〈和〉を大切にしようということでやってきました」

　ここで，紙テープの端同士をねじらずに，のりで貼って，1つの輪をつくる（＊1）。お母さんたちから笑いが起こる。

西岡「でも，最初は……」

　紙テープの真中の線に沿って，はさみで切っていく（＊2）。2つの輪ができる。

西岡「1つの〈和〉にならずに，バラバラでした」

②1ひねりの輪

西岡「でも，1学期に，一緒に学校生活を送ったり，一緒に修学旅行に行く中で，1ひねり加わって…」（「メビウスの輪」になる）

紙テープを1回ひねって，端をのりで貼り，輪をつくる（＊3）。
西岡「今度は……」
　紙テープの真中の線に沿って，はさみで切っていく。すると大きな1つの輪になる（＊4）。

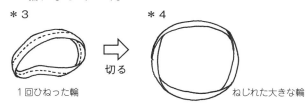

西岡「みんなで協力して，1つの大きな和になることができました」
お母さん1「ええっ！！」
お母さん2「先生，そういう反応が欲しかったんやろ」
西岡「ご協力ありがとうございます（笑）」

③2ひねりの輪
西岡「さらに，運動会や学習発表会を経験する中で，もう1ひねり加わることで……」
　紙テープを2ひねりして，のりで貼って，輪をつくる（＊5）。
　紙テープの真中の線に沿って，はさみで切っていくと，ねじれてつながった2つの輪になる（＊6）。お母さんたち拍手。

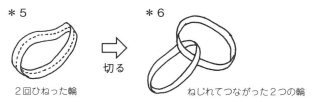

西岡「いつも先生と一緒じゃなくても，子どもたちだけでも，できるようになりました。だからといってバラバラではなく，つながっていて……。今，練習している卒業式も，子どもたちが証書をもらったり，セリフを言ったり，自分たちでかんばっています」

④交わった2つの輪

西岡「こんないい関係・せっかくすばらしい和ができたんですけど……」

　紙テープの端をねじらずに，のりで貼って，1つの輪をつくる。

西岡「できれば，このままずっとこのクラスでやっていきたいという気持ちはあるんですが……。でも，この春からは高等部です。そこでは，新しい環境の中で，新しい友だち，新しい先生と……」

　もう1本紙テープをだして，ねじらずにのりで貼る。

西岡「交わることになります」

　輪にしたテープに，さらにもう1本の紙テープを通し，次ページの図のように直角に貼りつける（＊7）。そして，紙テープの端をねじらずに，のりで貼る。

西岡「そして，新しい人たちとも……」

　一方の輪だけ，真中の線でぐるりと1周，はさみで切る。輪と輪が紙テープでつながれたものができる（＊8）。

西岡「手を取り合ってですね……」

　お母さんたち拍手。

西岡「まだ，これで終わりじゃないですよ。まだ切るところ残っ

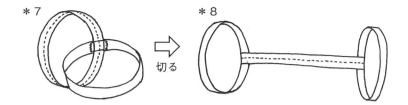

てますから。そして今までになかった──(輪と輪をつなぐテープを指しながら)ここを切ったらどうなると思いますか?」

先生「わかった!」

つながれている残りの紙テープにそって,真中をはさみで切る。四角ができる〔口絵参照〕。

お母さんたち拍手!

西岡「今までは丸しかなかったんですけど,四角になりましたね。この春から高等部。新しいところで不安もあるでしょうが,新しいところで新しい人と一緒だからこそできる,新しい形・新しいことをみつけていってください。1年間本当にありがとうございました!」

お母さん3「2つの輪がつながるのまでは知ってたけど最後のは知らんかったわ」

お母さん1「こんな少ない人数でやったらもったいないわ」

先生「ほんまにビシッとすばらしいシメでした!」

●**お母さん方の感想**

その日の連絡帳に,担任の先生が僕の「あいさつ」について,こんな風に書いてくれていました。

☆今日は懇談会ありがとうございました。西岡先生の〈シメ〉じゃありませんが，これからもみんなでつながって進化し続けられたらいいですよね。ぜひそうありたいと思いました。

　さらに次の日，連絡帳に（5人中）3人のお母さんたちも感想を書いてくださいました。

☆ひさしぶりにどうなるんだろうとワクワクしながらみせてもらいました。主人と娘にもみせようとやってみましたがうまくいきませんでした。また，みたいです。

☆西岡先生の最後の芸に感動しました。パチパチ（拍手）です。

☆本当に子どもたちも先生も親も仲良くできるいいクラスでしたね。とても関わりのあるクラスでした。それもバラバラじゃなく，つながりがあって，西岡先生の「輪」と同じですね。1年間一緒に過ごさせてもらって，担任の先生の気持ちを軽くする存在＝西岡先生みたいな……私もそうですが，多分他のお母さん方もそう思っていると思います。ガスを抜いてくれる，癒し系ですね。

　とてもいい感想をいただけて，うれしかったです。きっと，クラスの子どもたちや同じクラスの先生のおかげで，1年間本当にたのしく過ごせたから，こんな感想がいただけたんだろうなと思いました。

　話下手な僕でも，〈モノ〉を中心に話を進めることで，こんなに喜んでもらうことができました。「まほうのわ」なら，準備も簡単で，はさみで切るだけなので，誰にでもマネできると思います。僕は定番にします。

2 学年・学期始めに

「ほんわか雰囲気作り」

(初出 No.419, 14・4)
新学期, これだけやれば子どもたちと仲良くなれます

木下富美子　東京・小学校

　現在, 新任指導をしています。若い先生に早く子どもと仲良くなってもらうには, 間に「モノ」があると便利です。子どもたちとの間にモノがあると, 余計なおしゃべりが必要ないし, 確実に子どもたちがよろこんでくれるので, 気楽です。私がいつも定番でやっているいくつかのことを紹介します。

●絵本の読み聞かせをする

　本を読むだけなのに子どもが楽しみにしてくれてうれしいです。4～5月に読む本だけでも揃えておくと, とても気持ちにゆとりが持てると思います。いろいろなものに比べたら, 本は安い。

　私は毎朝, 漢字5問テスト（5分間）をやった後に, 時間を決めて読んでいます。朝, 別の用事があって読めないときは, 授業時間の最初に読んだりもします。

　今年, 新任指導をした先生に「指導教官がいてよかったことは何ですか」と聞いたところ, 一つ目に挙げてくれたのが「先生が

漢字テストの後に毎朝してくれる読み聞かせを，子どもと一緒に聞けたことです」ということでした。そして，彼女は私が読んだ本を次々買って教室においていました。「国語が苦手」というこの新任さんが真似っこしてくれて，年明けからは子ども達に毎朝読んで上げて喜ばれています。

　確実に子どもたちの間に笑いが起こる絵本を紹介します。

♪木下オススメ　確実に笑いが起こる，絵本リスト♪

○『あいうえ おちあいくん』（ポプラ社）
○『だめよ，デイビット』（評論社）
○『よい子への道』（福音館書店）
○『へんしんマラソン』（金の星社）
○『なぞなぞライオン』（理論社）
○『大どろぼうのホッツェンプロッツ』（偕成社）
○『くしゃみくしゃみ天のめぐみ』（福音館書店）
○『こんとあき』（福音館書店）
○『くまのコールテンくん』（偕成社）
○『おふろだいすき』（福音館書店）
○『もりいちばんのおともだち』（福音館書店）
○『あかてぬぐいのおくさんと7にんのなかま』（福音館書店）
○『きゅうきゅうばこ』（福音館書店）
○『だってだってのおばあさん』（フレーベル館）
○『ざぼんじいさんのかきのき』（岩崎書店）
○『そらまめくんのベット』（福音館書店）
○『はれときどきぶた』（岩崎書店）
○『ルドルフとイッパイアッテナ』（講談社）
○『ねこが見た話』（福音館書店／最後がいい）
○『鹿踊りのはじまり』（偕成社／これは大人向け）
○『青空晴之助』（フレーベル館／4ヵ月かかるがおすすめ）
○『なんでもただ会社』（日本標準）

○『ラビーニアとおかしな魔法のお話』(小峰書店)
○『ねこのピート』(ひさかたチャイルド／歌いながら♪)
○『さかさのこもりくん』(教育画劇)

子どもたちからはこんな感想をもらいました。
☆続き物なので,まいにちどきどきしていました。
☆盲腸で入院したとき,病室で先生の本読みを思い出していました。
☆先生の読んでくれた本はどれも楽しかったので,見習って近所の1年生や3年生に本を読んであげました。
☆いつもちょうどよいところで,ピピピとタイマーが鳴ってしまって,毎日学校へ行くのが楽しみでした。

●ものづくりをする――折り染め・スライム・プラバン

　子どもたちと「ものづくり」で楽しい時間を持つというのはいいものです。「折り染め」「スライム」「プラバン」の3つが私の定番です。

★折り染め

　書き初めの余った紙が折り染めに好都合です。その他,折り染め染料(仮説社で販売),イチゴなどが入っていたパック(染料を溶いて,使い終わったらそのまま捨てる),タオルなどを準備します。

　手始めに,10センチ四方位の小さな紙を2枚染めてみましょう。染まり具合がわかります。これを裁断機で切れば,それだけで綺麗なしおりになります。和紙で,丈夫で,くねくねしているので,しおりに最適です。

　ゆとりがあれば「折り染め手帳」を作ると良いです。書き初めの用紙を裁断機で5等分ぐらいにするとちょうど折り染め手帳に

使えます。

★折り染め手帳（要約・『ものづくりハンドブック1』仮説社）

①折り染めした紙（乾燥済み）のちょうど中央に重なるように，八つ切り画用紙を4分の1にしたものを貼付ける。端の余った部分は内側に折り込み，額縁のようにしていく。

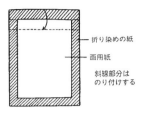

②のりが十分乾いたら，半分に折り，折ったところに輪ゴムをかける。これが手帳のカバーになる。次にB4の上質紙を四つ切りにしたものをいくつか重ねて半分に折り，輪ゴムのところへ挟み込んだら完成。

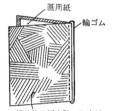

私のクラスでは，5月の母の日にプレゼントにしています。

★スライム

根強い人気なのがスライムです（『ものづくりハンドブック2』参照）。7月終わりの暑いときに最適なものづくりです。失敗しない作り方は，「PVAのりを2倍弱に薄め，のり水を作ってペットボトルに入れておく」ことです。別のペットボトルにはホウ砂水の飽和溶液を入れておきます。各班に大きめのプリンカップ2つに2種類の水を配り，子どもたちには粉洗剤についてくるスプーンで各自で分けてもらいます。

スライムは量を少なめに作るのがコツです。私は服に色がつくといやなので，透明で作っています。固まりにくい子には，教師がのり水を足してやれば，手でこねているうちにちょうど良く

なってきます。ひんやりしていて気持ちよさそうです。近頃フィルムケースがなくなってしまったので、プリンカップに入れ、ビニール袋に入れて持ち帰ってもらっています。

★プラバン

　プラスチックシートに絵を描いて、トースターで焼くというものづくりです（『ものづくりハンドブック２』参照）。私はタミヤの「楽しい工作シリーズ・プラバン（0.2mm）」のＢ４サイズをいつも用意しています。１枚を16等分して、１人分が６cm×4.5cmぐらいになるようにします。角をはさみで落として丸くすると危なくないです。

　トースターで焼くのは軍手をして、教師が焼きます。絵を描くのが楽しいので、はじめに予告しておいて、なにを描くか考えてもらいます。漫画の写し絵でもいいことにすると盛り上がります。12月のクリスマスプレゼントとして作っています。

●ものづくりをする──紙工作

　前３つのものづくりは子どもにとても好評ですが、様々な材料を揃えなくてはならないし、他のクラスとの兼ね合いもあるので、一人でやるのは気が引けます。そういうときに新任でも簡単にできるのが紙工作です。『ものづくりハンドブック』（仮説社）などにはそういったものづくりがたくさん載っていますが、それらの中でも私が気に入っているものを３つ紹介します。私は、かなり手抜きをして作っていますが、それでも失敗なしです。

★新聞紙のフリスビー（『教室の定番ゲーム１』仮説社，参照）
①新聞紙１枚（２つ折りの状態）を４回折る。

②セロハンテープで8ヵ所止めて棒を作る。その棒の端と端を3センチぐらい重ねて輪にしてセロハンテープでぐるぐると巻いて止める。

③輪をカレンダーなどの厚めの紙に重ね，おおよそで円を写して切る。切った円をまた8ヵ所ほどセロハンテープで，先の輪に貼りつけたら出来上がり。

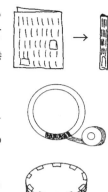

1時間で，作って遊べます。余っているカレンダーなど家から持ってきてもらうと，厚手で重くてよく飛びます。もちろん画用紙でもいいです。

★まきごま（要約・『ものづくりハンドブック2』参照）

色画用紙を10枚くらい重ね，長辺が1.5cm幅ずつくらいになるよう電動カッターで切っていく。赤，黄，水色を混ぜると綺麗。

帯状になった紙にえんぴつでまき癖を付けてから，マッチ棒に一人3〜4枚巻く。巻始めがうまくできない子がいますが，3cmほど紙を重ねてきっちり巻くといいです。これも1時間で作れて遊べます。

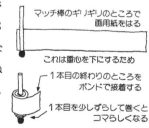

★ぴょんぴょんがえる

昔からあるものづくりです。材料は5cm×5cmに切った方眼紙（厚紙）を2枚と輪ゴム1本，セロハンテープ（1人分）。方眼紙を2枚並

べてセロハンテープで貼付ける。このとき，2mmほどすき間を空ける。長方形の短辺の端から1cmくらいの部分に2mmほど切り込みを入れる（4ヵ所）。切込みを大きくしすぎないこと。輪ゴムをばってんにかければできあがり。

　輪ゴムが外側になるように両手で折って，机に置き，手を離すとピョンと飛び上がります。そのうち，誰のが一番飛ぶか競争が始まります。目と口を描いても楽しい。

●**子どもたちと楽しく体育**

　子どもたちは体育が大好き。しかし，校庭に出るとなかなか並べず，体を動かす時間が減ってしまうこともしばしば……。新卒指導で気にしたのは，次の3点でした。
・4月，なるべく早くから先生と一緒に遊ぶこと。
・汗をかくまで運動をすること。
・ボールを一人1個使って投げたり，蹴ったりすること。

　校庭での体育の場合，体のウォーミングアップとして授業の最初の5分間はドロケイとかボール投げをしてもらいます。先生はその間に用具の準備をしておく。体が温まったところで，先生が前に立ち，全員で体操。一回動いて発散してるから，最初から無理やり並べるより動きがスムーズです。

　他に準備運動のおすすめは，体育館だったらバスケットボールで5分間のシュート練習，校庭だったらサッカーのシュート練習です。なぜなら，ゴールの枠は家にはないし，子どもたちはシュートの瞬間・ゴールの時が一番うれしいのだから。熱中するので，

みんなすぐにうまくなります。

　私が体育の授業でお勧めなのは，キックベースや，ソフトボール，ドッジボール，フリスビードッジなどの野球型のボールゲームです（『たのしい授業プラン体育』仮説社，参照）。今はスポーツテストを1年生からやったり，運動会の練習をしたり，ゆっくり子どもたちがチームプレーを楽しむ時間がありません。放課後はそれぞれが習い事で忙しいし，集まれる広場もない。これでは子どもが仲間と遊べません。ということで，授業で思いっきり遊ばせてあげると良いと思います。

　なお，チーム替えをたくさんするのがゲームを楽しむコツです。「教室の生活班」だとか，「名簿順」だとか，いろんなチーム分けをします。そのなかで，「うまい順」でチーム分けをしていて，これがおすすめです。実力の同じくらいの子たちがチームになって思いっきり動ける時を作っています。これは，運動神経のいい子にも，運動嫌いな子にも両方に好評です。それぞれのペースで運動できるからです。

● **仮説実験授業**

　授業では，仮説実験授業をやるのが私の定番です。4月には必ず《空気と水》からはじまり，夏休み前には《背骨のある動物たち》《生物と種》をやり，運動会や行事の前に《もしも原子が見えたなら》，年が明けると《世界の国旗》や《生類憐みの令》など，大体1年間に5〜6本の仮説実験授業の授業書をやります。子どもたちの一番人気は，いつの年も《もしも原子が見えたなら》です。1年間終わって，学年の最後に書いてもらう作文にも原子の

絵をちりばめてあったり,「原子の名前はみんな覚えています」「水分子がかわいくて好きです」「教室の空気が260kgもあるとは驚きました」などと,細かく内容を語っている感想が多いのが印象的です。感動が大きいのでしょうね。

　仮説実験授業は子どもたちに感想文を書いてもらうので,教師も楽しかった中身がわかり,とても励みになります。私は,感想文を書かない時は4～5人に教室の座席順で感想を言ってもらいます。すると,もう一度楽しさをみんなで味わえます。仮説を始めると子どもたちが一段とかわいく見えてきます。

● 1日の終わりは……

　1日の終わりの帰りの会は,男女の日直さんに「今日の良かったこと」を一言ずつ言ってもらってから,「起立・さようなら」となります。

　ここでも仮説実験授業やものづくり,体育のことを言う子が圧倒的です。1日の終わりに「良かったこと」を一言,言うだけですから,気分よく帰ることができます。

＊　本文に登場する《　》で囲まれたもの（《空気と水》《もしも原子が見えたなら》など）は,仮説実験授業の「授業書」を指します。これは,「教案 兼 教科書 兼 ノート 兼 読み物」で,そこに印刷されている指示そのままにしたがって授業を進めれば,だれでも一定の成果が得られるように作られている授業プランです。授業書の内容や種類,授業運営方法については,『仮説実験授業のABC』（仮説社）をお読みください。授業書は仮説社HPからお買い求めいただけます。

(初出 No.391, 12・4)

ピンポンブーは超おすすめ

● たのしい教師のつよ〜い味方

斉藤香代子 福岡・小学校

このところ，低学年の担任をすることが多いワタシ。

低学年って，特に入学したばっかりの1年生など，授業中じーっと座って話を聞くことができないし，退屈するとおしゃべりを始めちゃうし，大変です。だから，ワタシは，いろいろな技を使ってキョーミを持ってもらえるよう，工夫しています。

そんなワタシのつよ〜い味方が「ピンポンブー」〔口絵参照〕です。ピンポンブーは，その名の通り，○だったらピンポン♬，×だったらブー！と音が鳴る道具です。この道具，絶対におすすめです。

毎日，授業中にも活用

ワタシはこのピンポンブーを入学式の日から毎日使っています。入学式当日は，いろんな絵カードを出して，そのカードに描かれているものの名前の当てっこをするのですが，そのときピンポン♬／ブー！とやるのです。ワタシはいつもこれをやっていますが，子どもたちにも保護者の方にもチョーうけます。入学式の緊張を解いてくれるからいいんですよね。

皆さんもフツーは，こんなふうにピンポンブーをゲームの時に利用しているのではないでしょうか？　でも，ワタシは1年生の場合には，ほとんど毎日授業中にも使っているのです！

子どもたちもこの道具が本当に大好き。たとえば，算数の時間に「3個のタイルが並んだカードを出しましょう」と指示を出して，さっとカードを出せた子からピンポン‼と鳴らしてまわっていきます。うちの教室は，コの字型に机

を並べているので，ワタシがぐるっと半円を描けば，みんなのところをまわれる仕組みになっています。楽チン！

反対に，ワタシの話を聞いてなくてタイルを出し遅れた子には，ブブーッ！ こんなとき，「こら！話を聞きなさい‼」なんて怒るより，ピンポンブーでブブーッとやる方がはるかに効果的で，ワタシの精神衛生にも良いのです。

また，自分の答えが間違ってて，「これは違うよ」と注意されるより，ブブーッとやられる方が，子どもたちにとっても心の負担が軽いんじゃないかなと思います。ブブーッとやられても，ニコニコしながら答えを出してくれる子どもたちの様子を見てると，本当にそう思います。

勉強なんてまだ習い始めたばかりの子どもたち。学校の勉強もゲーム感覚で遊ぶようにやれたら，嬉しいんじゃないかな。

子どもたちもリラックス♨

このピンポンブーが登場すると，子どもたちからも「3回鳴らして‼」とか「もう1回！」とか，ノリノリのリクエストが……。ワタシも子どもたちのところをササーッとまわり，ちょっとでも答えが遅い子どもがいると，わざとブブーッと鳴らして楽しんでいます。

もちろん，算数以外の時間にも使えます。国語の時間，子どもたちが上手に字が書けているかどうか見てまわるときは，時間があれば花丸をつけてあげますが，時間がないときは，ピンポンブーの出番です。

ゲームにしか使えないと思われているこの道具，でも使い方ひとつで学校行事がさらに楽しくなります。それに授業を盛り上げるのに使えば，子どもたちもリラックスできて，ますますノーミソが働くこと間違いナシ！

皆さんも，このピンポンブー，使ってみてはいかがでしょうか？

＊ピンポンブーは税別1280円。単4電池2本使用（別売）。仮説社で販売しています。送料等は254ページをご覧ください。

(初出 No.419, 14・4)
〈ピンポン先生〉はおすすめです

西岡明信 大阪・特別支援学校

○×○×○×○×○×○×○×○×○×○×○×○×○×○×○×

●マルバツ判定をグッズで

〈ピンポンブー〉というパーティーグッズがあります。〈○〉か〈×〉の札をみせて，ボタンを押すと，「ピンポン！」か「ブー」と音がでる，とってもたのしい魅力的なグッズです。

「○×の判定をグッズでできるのは良い」と思い，授業に取り入れてみたところ，子どもたちは問題よりも〈ピンポンブー〉に夢中。ボタンを自分で押したがったり，わざと問題を間違えて「ブー」と鳴らすことをたのしんだりするので，困ってしまいました。

それに，子どもが真剣に考えた結果が間違っている時に「ブー」と鳴らすのは苦手に感じてしまい，それ以降〈ピンポンブー〉は封印していました。

あるとき，『キミヤーズの教材・教具』（村上公也・赤木和重著，クリエイツかもがわ）という本で，〈ピンポン先生〉という教具の存在を知りました。そこにはこんなことが書いてありました。

少人数編成のクラスでは，子どもたちと担任との関係が濃密になり過ぎ，適当な距離がとれないことがある。そんな時，「ピンポン先生」は，もう一人の第三者の役割を果たしてくれる。授業者の他に，別の人格が判定

しているかのように装うことができるのである。

僕はこれを読み、〈ピンポン先生〉という教具がかなり気になってしまいました。そこで早速、取り入れてみることにしました。

● 〈ピンポン先生〉とは

〈ピンポン先生〉……といっても、そういう名前のものが販売されているわけではありません。電気屋やホームセンターで売られている〈ワイヤレスのインターホン〉を使うのです。価格は、安いもので1000円くらいからあります。僕は、ホームセンターで3000円弱で購入しました。

〈ワイヤレスインターホン〉は〈音がでる本体部分〉と〈音を鳴らすためのリモコン〉で、できています。使う際は、難しい設定をする必要もありません。電池を入れるだけで使えます。音の種類が何種類もあるものもありますが、ここでは「ピンポン」と1回だけ鳴る設定にしておきます。

あとはマスコットキャラクター的な雰囲気を出すために、手芸用品を扱う店で〈動眼〉を買ってきて、〈音がでる本体部分〉に貼りつけました。

使い方は、簡単です。リモコンのボタンを押せば、本体部分から「ピンポ〜ン」という音が鳴ります。ですから、リモコンが見えないようにポケットの中に隠しておいて、ズボンの上からわからないようにさりげなくボタンを押して、遠隔操作で、本体を「ピンポ〜ン」と鳴らします。

〈ワイヤレスインターホン〉を購入した日、さっそく、娘（小3）と息子（5歳）とのお勉強時に試してみました。ただ「ピンポン」と鳴らすよりも、「ピンポン先生、正解でしょうか？」とお伺いをたててからやったほうが、予想通りたのしかったです。僕がズボンの中でスイッチを押しているのはバレませんでした。

娘は答えが間違っている時に、

僕が「間違っているよ」と言うと，普段は「ギャー！」となるのですが，これだとならないかもしれません（残念ながら？この日は全問正解）。いつもよりも勉強の時間が盛り上がり，「買った価値はあった」と思いました。

● 〈ピンポン先生〉の注意点

　〈ピンポン先生〉のいいところは，村上さんが書かれているように，〈第三者の役割〉をしてくれるところです。これは本当にありがたいです。子どもたちのこたえを聞いて，先生（僕）が判定するのではなく，機械（ピンポン先生）が判定し，「ピンポ〜ン」と言っているようにみえます。それに，もともとは，インターホンですから，「ピンポ〜ン」だけで，「ブー」はできません（笑）。

　現在，僕は，黒板の上に〈ピンポン先生〉を置いて使っています。

　ただ，音が苦手だったり，音に敏感なお子さんがいる場合には，「ここから音がなるよ」とか「この（大きさの）音は大丈夫？」と事前に伝えておく方が無難だと思います。〈ピンポン先生〉を授業でいきなり使ったら，「音にビックリして拒否された。それで〈ピンポン先生〉が使えなくなった」という報告もきいています。

　また，隣のクラスにも配慮した方がいい場合もあります。ぼくが〈ピンポン先生〉を使いだしてしばらくすると，「となりの教室で授業している子が，〈ピンポ〜ン〉という音が聞こえてくるので，こわがっているんです」という訴えを担当の先生からききました。

　そこで，その子に〈ピンポン先生〉をみてもらい，「ここから音がでています」，「（スピーカーの部分をセロハンテープでふさいで）音量をしぼって，この大きさなら大丈夫？」と説明して，納得してもらったことがあります。

＊

　入手も使い方も簡単で，そんなに高価でなく，多くの場面で使うことができ，子どもたちによろこんでもらえる〈ピンポン先生〉は，僕のオススメです。みなさんも，〈ピンポン先生〉を教室に一人（一台），いかがでしょうか。

(初出 No.382, 11・8)
協力のミサンガ
●ほんわか雰囲気づくりに

厚井眞哉（こういしんや）　東京・小学校

きっかけは子どもの遊びから

この「ミサンガ」（手芸の組紐の一種。手首や足首に巻く装飾品で，自然に切れると願いがかなうとも?!)，元々は同じサークルの牛山さんから教わりました。牛山さんは伝承遊びサークルで「あやとりのひも作り」として教わったそうです。それを子どもたちに教えたところ，子どもたちは余ったひもでミサンガを作り始め，ブームが巻き起こったのだそうです。

〈ほんわか雰囲気〉作りに最適

〈協力のミサンガ〉は，その名の通り，お隣同士でちょっと助け合って作るミサンガです。だから私はよく，学年・学期始めの〈ほんわか雰囲気〉作りに使わせてもらっています。編んで作るミサンガと違ってとってもカンタン！一人でも作ることができますが，二人で作ると超カンタンになり，会話も弾みます。しかも最後に，クルクルッと自然にヨリがかかって合わさっていくところがなんともおもしろいのです。子どもたちも大喜びで，それにわりと切れやすいから願い事もかけやすいかも!?（ミサンガ作りが上手になったら，「あやとりひも」作りにも挑戦してみてください。あやとりが大ブームになります！）

材料〔一人分〕

・細めの毛糸 50cm × 2 本
　…「ハマナカ」のピッコロなど。色違いが望ましい。100均の中太毛糸でも OK。
＊あやとりの場合は，中太の毛糸を3ひろ（尋）× 2 本（1 ひろ＝腕を広げた長さ）

〔作り方〕〔口絵も参照〕
①二人で向かい合い，毛糸を交差させます。

②それぞれ自分の手元にある毛糸の両端を一つにまとめたら、グルグル時計回りにしっかりとねじっていきます（時間の目安は2、3分くらい。あやとり用のひもは10分以上）。

協力してネジネジするのがポイント！

③一本のひも状になるまでねじったら、一人が両端を持ち、もう一人が真ん中のつなぎめ部分を持って、二本の毛糸をつまみ合わせます（右図参照）。

④真ん中をつまんだ人が、右手→左手→右手…と隙間をあけないように毛糸をつまみ合わせていくと、2本の毛糸はクルクルッと勝手により合わさります。

⑤端までつまんだら、ほどけないように端を玉結びし、余分を切ります。

玉結び

⑥反対側のヨリをゆるめ、玉の部分を差し込み、ヨリを戻せば完成！

紫外線ビーズでもう一工夫

私は最初ねじる前に、二本の毛糸を紫外線ビーズの中で交差するように通しておいて、ビーズ付きミサンガも作っています。光が当たると色が変わるので、子どもたちも大喜びです（紫外線ビーズは「UVビーズ」で検索するといろいろなものが見つかります）。

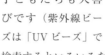
ビーズに通すとき、毛糸を交差させておく

＊UVチェックビーズは仮説社で販売しています（各税別）。送料等は254ぺをご覧ください。
・星型（10個入り）―――― 380円
・ハート型（10個入り）―― 380円
・リボン型（10個入り）―― 380円
・丸型（約210個入り）―― 2500円

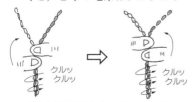
②のねじり具合によって、二つの毛糸が一本により合わさる力も決まる

(初出 No.444, 16・1)

回路と一緒に心もつながる！
エナジースティック

坂下佳耶　千葉・高校

仮説社新社屋にて

　先日新しくなった仮説社に行った際に，「エナジースティック」と書いてあるおもちゃが売られているのを見つけました。「スティック」というだけに見た目は筒状で，色は透明と銀色をしていてカッコイイです。そして，両端にある銀色の部分を持つと，内部にあるカラフルなLEDが光り，「ビヨビヨ〜」と不思議な音が鳴り出すという，ちょっとびっくりなおもちゃです。両端を持つことによって回路ができ，光ったり音が鳴ったりするのです。〔口絵参照〕

「これは学校でも楽しめそう！」と思ったので，購入しました。

＊

　そして，ある日の放課後，近くにいた生徒に見せてみました。すると「なにこれ！ すごい！」と大喜び！ その様子を見ているだけでも楽しいのですが，1人ではなく，何人も手をつないで端の人同士でエナジースティックを持っても光や音が出るのかを試してみたくなりました。すると2人，3人，4人……と人数を増やしてやってみても，ちゃんとエナジースティックは反応してくれました。

　生徒たちは「やったー！」と大盛り上がり。何人までできるか挑戦しようということにな

り，通りかかった生徒にどんどん声をかけては実験をするというのを繰り返しました。放課後ということもあって，生徒も少なかったのですが，最終的に15人でやってもエナジースティックは反応してくれました。

2人でエナジースティックの両端をそれぞれ持って，空いた手でお互いの人差し指を近づけてETごっこをしながら光らせてみたり，何も知らない人に突然エナジースティックを持たせてびっくりさせたり。生徒に渡すと色々な遊びをしだして，大人気アイテムとなりました。

心もつながる！

数日後，担任代行でホームルームに行く機会があったので，そこでもう一度挑戦してみることにしました。男子17人，女子24人のクラスだったので，まず男子だけで挑戦。するとちゃんと音や光が出ました。人数が多い女子でもばっちり！

「男女41＋1（私）人でやってもできると思う？」と聞いてみると，できると予想してくれたのは15人くらい。「そんな大人数では無理だろう……」と思っている人が大多数のようです。

「じゃあ実験します！　せぇ〜の……！」

「おお〜！」

結果は大成功！　そして，意外な結果に拍手と歓声がわきあがりました。私も「こんなに大人数だと反応しないのでは」と思っていたので，この結果はとっても嬉しいものでした。

大人数で手をつないで試してみたとき，なんだか回路だけでなく，みんなの心までつながったような気がしました。そういう意味でも盛り上がれる「エナジースティック」，ホームルームなどのちょっとした時間に使ってみてはいかがでしょうか。

＊「エナジースティック」の使い方は，次ペの記事もご参照ください。

(初出 No.449, 16・5)

出会いの授業でエナジースティック

横山裕子
神奈川・小学校

☆**定番は〈ブタンガス〉だけど**

　いつも出会いの授業では〈ブタンガスで楽しもう〉（34ページ掲載）をするのですが，今回は動きの予想が立たない子がいたので，「〈ブタンガス〉はちょっと危ないかもしれないな」と思いました。そこで，代わりに仮説社で買った「エナジースティック」をやってみることにしました。といっても，流れはほとんど〈ブタンガス〉と一緒です。

　「これは，ごく弱い電流を感じ取って光がつくアイテムです。中に電池が入っていて，端と端が繋がって1周の輪になるとライトが点きます」

　そんな説明をしておいて，先頭の席のにぎやかな少年を呼び出し，両端を手でつかませると回路ができて，電気が通ることを見せます。エナジースティックがぴろぴろと音を立てて光ります。

　ここで問題です。

〔問題1〕先生と彼が手を繋いでも光る（電気は通る）か？
　ア．光る。　イ．光らない。
　ウ．その他（爆発する）。

　結構意見発表があります。良い感じだな〜。これからが楽しみです。

　「3・2・1！」のカウントダウンで実験！　またぴろぴろ〜と光ります。「イェ〜イ」と沸く教室。

☆**みんなでワクワク**

〔問題2〕男の子全員では？

〔問題3〕男の子より人数の多い女の子全員では？

〔問題4〕3年4組全員と先生（＝私）では？

　次々と問題を出していきます。私も初めてのグッズなので結果が分からずにワクワク。教室を囲んでみんなで回路を作ります。

　結果は，「クラス全員＋先生」でも光りました！　実験結果に沸く教室。

　そのまま，順に1ヵ所ずつ手を離してもらい，またつないだ瞬間に明かりがついてぴろぴろ鳴るのを体験してもらいました。これ，自分が操っている感覚があってすっごく楽しい！ま，能動的なみなさんは待ってられずに勝手にいろいろ実験を始めちゃうんですけどね。

「持たなくても，腕でもできる～」

「足でもできる～」

……これこれ！

　でも，誰かのために我慢していることもまあまあできるみなさんで，無事33人全員に体験していただくことができました。

☆触らせておけるのがいい！

　休み時間に自由にやっていいことにしたら，子どもたちはさらに電気が通るもの探しをしていました。

「先生の机でもできる～」

「黒板はだめだな～」

「横にして銀のところをつけなきゃだめだよ」

　今まで，〈ブタンガス〉を定番にしてきたのですが，ガスはお子さんたちに触らせ続けることはできない。その点，「エナジースティック」は，お子さんたちに自由に触っていただけるのがいいなぁ！

　これは，懇談会でもやってもらおうかな？　　　　（2016.4）

＊「エナジースティック」は仮説社で販売しています。税別1200円。送料等は254ページをご覧ください。

(初出 No.376, 11・3)

なまえ デザインで自己紹介

谷　岩雄　滋賀・小学校

●自分の名前をデザインしよう

　上の作品は，ボクのなまえ（文字）を「かくし絵」的にデザインした作品です（もとの作品はカラーです）。「いわお」というひらがなが，わかりますか？

　この「なまえデザイン」を教えてもらったのは，2008年夏頃の滋賀仮説サークルの時だったと思います。品野美智子さんが，「これ簡単で，しかも仕上がりもいいし，子どももとてもお気に入りの作品ができるよ」と紹介してくれて以来，毎年4月初めの図工の時間はこの「なまえデザイン」をしています。自分の名前をデザインしていくことの楽しさがあり，しかも，カンタンに美しく仕上げることができるのです。

　できあがった作品を教室に展示すると（80ペ下＆口絵参照），他の学年や学級の子が教室に入ってきて,「なんて読むの？」「だれの？」「あ～，なるほど～」と盛り上がります。「これは,こう読むんだよ」と得意気に説明をする子が出てきたり，「これ，だれのだと思う？」とクイズを出して楽しむ子が出てきたりと，子どもたちにとってもお気に入りの作品となりました。新しいクラスになったら，名前の紹介をかねて，図工で「なまえデザイン」やってみませんか？

用意するもの（1人分）

○八つ切りの白画用紙（タテ270㎜×ヨコ380㎜）1枚

○水彩絵の具
○筆
○パレット
○ポスカまたは油性マジック（太字と細字）

作り方
①なまえをデザインする。

　八つ切りの白画用紙に，黒のポスカまたは油性マジック（太字）でなまえの線を描きます。どの線も両端が，他の線か紙の端にくっつくようにする。多少変形したり傾いたりしてもOK。やさしい漢字は使っても良いですが，ひらがなの方がデザインしやすいと思います。

②線で分けられた部分を絵の具で塗り分ける。

　できるだけきれいな色で塗ります。絵の具は混ぜない方が無難です。できれば，①〜②の工程は一日で終わらせましょう。ここで，作品を完全に乾かしておきます。

③絵の具で塗った部分に模様などを描いていく。

　下地が充分に乾いていることを確認してから，それぞれの場所に，ポスカ（細字）を使って模様を描いていく。いろいろな模様を，い

ろいろな色で描いていくと華やかになります。なまえの線と模様のバランスは注意。

④なまえの線書きしたところを、黒のポスカ（細字）、または絵の具の黒（水はほとんど使わない）で、太くなぞる。

線を太くして、名前をくっきりと浮き上がらせます。これで完成です。台紙に貼ると、見栄えがさらに良くなります。

　授業でやる前に、教師が自分の「なまえデザイン」をあらかじめ作っておき、それを使って自己紹介をすると、できあがりの見本になります。この作品に限らず、子どもたちに何かを作ってもらうときには、まず教師が作っておいて、できあがりを子どもたちに見せてあげることが、非常に大事だと思います。自分で作ってみた時の感想なども話してあげると、子どもたちのやる気や理解力の向上にもつながると思います。是非とも、そのようにオススメします。

(初出 No.390, 12・3)
やってみました〈なまえデザイン〉
●新学期の掲示物としておすすめ

二宮聡介 大阪・小学校

ぼくの学校では，例年4月の中旬に最初の参観懇談があります。

はじめての参観懇談ですので，参観授業の方も工夫をするのですが，教室に掲示する物にも工夫が必要です。

今年（＝2011年，3年生担任です），教室掲示にえらんだのが，「なまえデザイン」（本書78ペ参照）です。昨年，仮説実験授業研究会の夏の大会で谷岩雄さん（滋賀・小学校）が紹介されていたものです（元は同じ滋賀の品野美智子さん）。それを見て，「4月の掲示物として作りたい」と思っていたからです。

懇談会で

教室の後ろに掲示したときには，一人ずつの作品に，誰の作品かわかるように作者の名札をつけておきました。ただし，あえて「なまえデザイン」とは書かずに作品を掲示しました。〔口絵参照〕

そして，懇談会で「教室に掲示してある作品は，自分の名前をデザインして色をぬった物なのですが，なんと書いてあるかわかりますか？」と聞きました。すると，保護者の方からは，「え〜っ」という声がでたあと「お〜っ」「あ〜わかった」という声に変わっていきました。初めての参観で「見れども見えず」の感覚を味わってもらうことができました。この保護者の方の反応は，ぼくにとってうれしいものでした。

作ってみて感じたこと

この「なまえデザイン」は，見

かけよりは作るのに時間がかかりました。下書きに1時間。絵の具の色ぬりに2時間。模様書きと黒線引きに1時間。合計4時間かかりました。ただし，かなりゆっくり進めたので，時間はもっと短縮できると思います。最後の黒線引きは，「ほそい線よりも太い線の方が，作品が引き締まるな」と感じたので太い線で書こうと思いました。子どもたちにも線を引かせようと思ったのですが，太い線を引くのがむずかしかったようなので，手伝いました。その結果，半分以上の子は，「先生がやってくれる方がきれいだから」と僕が線を引くことになりました。太い線で引くと，はみ出した絵の具をごまかすことができるので，「先生にやってもらいたい」と思った子が多かったように感じています。中には，「自分でやりたい」と言って自分でなぞる子ももちろんいました。

模様はクレヨンで

　谷さんは「なまえデザイン」の記事の中で「模様をポスカで書くとよい」と書かれていましたが，僕はクレヨンで書いてみました。僕が担任しているクラスでは，お道具箱の中に全員がクレヨンをもっているからです。絵の具とクレヨンを一つの作品の中に使うという経験は今までにもあったので，クレヨンを使うことで作品が台無しになることはないだろうと考えて取り組みました。

　結果的には，クレヨンで十分きれいな作品が出来上がりました。クレヨンだと太い線になるので，掲示したときに遠くから見てもはっきり模様を見ることができました。

作品の作り方

① えんぴつで自分の名前を使って画用紙（八つ切り）にデザインする。
・姓か名かどちらかだけ選ぶ。
・それぞれの線は，紙の端までのばすか，他の線とぶつかるように描く。
・漢字は細かくなりすぎるので，ひらがなを使うのがよい。
・文字は斜めにするなどの工夫を

して，線がぶつかるようにする。
・文字の大きさは，バラバラでもよい。

②線で囲まれたところを絵の具でぬる。
・囲まれた場所ごとに色を変えてぬる。
・色は明るい色を選んでぬる。あとで模様を描きやすいように。
・濃過ぎると，模様が書きにくくなるので，適量の水を混ぜる。
・黒色や黒に近い色はぬらない。あとで線をひくから。

③線で囲まれたところどころに，模様をクレヨンで描く。
・簡単な模様（カラフルな水玉，花，うずまき，星など）を描く。
・シルエット（ウサギ，魚などの動物）をカラフルに描く。
・カラフルな線をひく。

④名前の線を黒マジック（油性でも，水性顔料でも可）で太くする。
・この線で仕上りが決まるので，ていねいに線をひく。
・細い線でもよいが，太い線の方が作品が引き締まり，名前に注目しやすい。

⑤掲示する。〔口絵参照〕
・名前がすでに書いてあるので，名札はいらないと考えるかもしれないが，名札があることで，「あ～っ，なるほど。こんな風に書いたんだ」と名前を確認できるので，つけた方が良い。これは，見ている人が，なぞなぞの答えがわかったときのような感覚をいだけて気持ちがいいからです。

残念ながら感想文はとらなかったのですが，子どもたちにはとても好評でした。「なまえデザイン」，自己紹介的にも使えるので，特に新学期におすすめです！

(初出 No.418, 14・3)
「自己紹介ビンゴ」のすすめ
●学級開きのちょっとしたアイディア

根本　巖 神奈川・中学校

●**仲良くする第一歩は……**

　学年始めの時期には，新しいクラスメイト同士が少しでも仲良くできるよう，そのきっかけをつくるのもボクたち教師の大切なサービスではないでしょうか。

　そんな〈学級開きの時期〉を控え，どんなことをするといいのか考えていました。仲良くする第一歩は，お互いが何者であるかを知ることです。そしてふと，牧野英一さんが考案された〈マッキーノ〉が頭をよぎったのです。〈マッキーノ〉とは，ビンゴゲームの要領で暗記をするという，子ども達に大人気のドリル学習法です（『たのしくドリルマッキーノ』仮説社，参照）。それを自己紹介に取り入れてみようと思いつきました。

　さて4月。学級開きで「自己紹介ビンゴ」をしてみたら，これが大好評でした。このビンゴによって，「お互いの姓名を覚える」「書けるようになる」「プロフィールを知る」ことができるようになっていくといいなぁと思ってやってみたのですが，予想以上の成果があったのです。

　そこで，以下にやり方を紹介しておくことにしました。

用意するもの
① ビンゴ用紙……B4用紙を8分の1大にし，そこに4×4＝16マスの目だけを印刷したもの。生徒一人に1枚。
② 生徒全員の氏名表……ビンゴ用紙のウラに印刷しても良いし，教室内に何か掲示してあればそれで代用してもいい。

③自己紹介カード……板目紙など丈夫なものでB6サイズくらい。オモテには生徒の氏名，ウラには生徒のプロフィールを本人に記入してもらう。文字は濃く大きく書く。

　プロフィールは次の項目を参考に，5つくらいまで。

プロフィールの例
1．誕生日
2．顔やからだ，性格の特徴
3．好きなタレント
4．好きな教科
5．趣味特技
6．アピールしたいこと

　書けたら，カードは教師が回収する。

すすめ方
①ビンゴ用紙を配ります。
②生徒は，「氏名表」などをみて，16名を選び，姓名をビンゴ用紙に書き込みます。これは，「22項目から16項目を選ぶやり方がBEST」という意見もあるので，多人数クラスの場合は，「男子編」「女子編」に分けて実施してもよいかもしれません。
③教師は回収した自己紹介カードを無作為に引いて，「プロフィール」を読み上げます。生徒は誰のプロフィールか想像して名前を挙げます。正解が出たら，裏返して，「姓名」を見せます。

　生徒は，その名前を自分のビンゴ用紙に書いていたら，○をつけていきます。たて，ヨコ，ななめのいずれかの方向に，4つそろって○がついたら「上がり（ビンゴ！）」。

　カードは16枚だけ引いて終わりにします。
④賞をいくつか設け，該当する生徒の氏名を大きく板書し，ビンゴが終わったところで拍手！

　ボクは以下のような賞を設けました。
・「早上がり賞」……最初にビンゴできた生徒。
・「最多列賞」……16枚終わったときに，ビンゴできた数がもっとも多かった生徒。
・「16枚でも上がらなかったで賞」……16枚終わったときに，1つもビンゴできなかった生徒。

●学級開きだけとは限らない

1回につき「自己紹介カード」を16枚しか読み上げないので,登場しない人が出てきます。複数回実施して,必ず全員が登場するようにしてあげてください。

ボクは登場した人のカードを別にしておき,4月の間,道徳や学級の時間の始めに1回ずつ行って全員分を実施しました。

1時間で終わらせるときは,何度も繰り返すことになるので,プロフィールを読み上げる順を変えてみたりするといいかもしれません。ビンゴ用紙のマス目を減らし,1回に選ぶ人数を減らせば,朝の会で毎日すすめていくこともできるのではないでしょうか。

〈自己紹介ビンゴ〉をやる時期は学級開きだけとは限りません。例えば,1学期の終わりに「みんなどれだけお互いのことを分かるようになったかな? ちょっと〈クラスの学期末テスト〉をしてみましょう?」なんて投げかけてから,「氏名表」を見ないで記入してやってみてもいいでしょう(その場合は「漢字で書けなければ,ひらがなでもいいよ」ということにするといいです)。

2学期の始めに,同じく「氏名表」を見ないで実施したあとに,こんな呼びかけをしてもいい感じかなぁなんて思うのですが,どうでしょう。

「1学期によく知り合ってずいぶんお互いの名前が分かるようになってきましたね。でも,〈見れども見えず〉で,あの人の苗字は思い出せるけれど名前はなんだっけ? なんてこともけっこうあったんじゃないでしょうか。今日のビンゴをきっかけに,クラスの仲間ともっともっと知り合って,前からの仲良しさんとはもっと仲良く,1学期あまり話をしなかった人ともどんどん話をして,2学期はクラス全体でもっともっと仲良くなっちゃいませんか?」

子どもたちの評価や感想を取ったことはありませんが,気軽にできて,しかも教室が和やかになることは請け合いです。一度,クラスでやってみませんか。

(初出 No.413, 13・1)

「今月の唄」は本当におすすめです
●ココロがちょっとほっこりします

扇野　剛 兵庫・小学校

□それは七年前のカラオケボックスで……

　はじめて担任した子どもたちが二十歳の成人式を迎えた日のことでした。「夜に同窓会をするから来て欲しい」と連絡をもらい，ボクはそそくさと喜び勇んで出かけていきました。何といっても教師になった頃のボクの憧れの１つが「教え子と呑む！」ということだったのです。それが初めて実現する時がついにやってきたというわけです。そして一次会がもちろん楽しく終わり，次はカラオケボックスに繰り出す新成人たちとボクです。

　最初はイマドキの唄を熱唱していた彼等ですが，誰かが「"今月の唄"歌おうぜ‼」と，次々に予約を入れました。そしてそれから延々みんなで大合唱が始まりました。もちろんボクも‼　この子たちは４年と６年と２回担任したので，持ち歌（⁉）がけっこうあるのです。

そして彼らは"覚えたてのお酒⁉"の力も手伝ってか，とにかく夜が更けるまで何度もあの頃教室でみんなで唄った，「今月の唄」を熱唱してました。ボクは最初はただ単純に「あ～，"今月の唄"ってこんなにも子どもたちのココロに残ってるもんなんなぁ。やってよかったなぁ」と感激してたのですが，だんだんと熱唱している子どもたちを見て，「なんかこれはスゴく素敵なことだ。子どもたちにとって"今月の唄"は楽しい想い出としてココロの隅っこにずっとあったんだ」と感無量になっていました。もはや,教え子と初めて呑める感動よりも，どちらかといえば「今月の唄」の熱唱に感動しきったボクなのでした…。

□ **それから……**

　「今月の唄」というのは，文字通り「その月に歌う唄」であり，またそれを「朝みんなで歌う」ということです。

　新成人となったこの子たちが４年生の時に，ボクは新任で担任しました。つまり，新任のときからボクはこの「今月の唄」をやっていたのです。当時のボクがどうしてこんなことをはじめたのか，19年後のボクはよくわかりません。ただ仮説実験授業に出逢う前のことなので，とにかく何かおもろいことをやりたかったのでしょう。

　そして，この子たちの時もそうだけど，昔も今も，「今月の唄」は基本的にボクが毎月選んでいます。それは子どもたちに決めさせると，

　①まずモメる
　②そんなイマドキの歌，ボクが歌えない

というなんとも身勝手な都合でそう決めています。それでも，毎月けっこう悩みつつ，実に無邪気に子どもたちがつぶやく「こんな歌知らんし」という毒舌にも負けず選んできました。

　ちなみにこの子たちの時は「ザ・ブルーハーツ」に「スピッツ」に「爆風スランプ」に「THE BOOM」といったラインナップでした。

　それから何年生を担任しても「今月の唄」を毎朝歌ってきました。1年生の子は爆裂的な声で歌うし踊るし，一方6年生なんて月初めは蚊の鳴き声みたいなもんです。でも，だんだんと歌えるようになってくるし，お調子者たちが声を出し始めると，みんなの声は大きくなってくるものなのです。低学年だと，体験学習にバスで行くときなんかに，みんなで「今月の唄」を熱唱しているなんてことも珍しくありません。また，6年生だと「今月の唄」をそのまま卒業式で歌ったこともあります。

　とはいっても，毎年万事が上手くいくわけでもありません。朝からそんな唄なんて歌ってる場合じゃない，殺伐とした激しいクラスの時はさすがにやれなかったし，オープン教室でとなりのクラスと間仕切りがないために，隣の担任さんから「頼むからやめてくれ」と嘆願されてやめたこともありました。またあまりにも歌わない6年生にキレて「イヤそうやからもうやめよう」と一方的に打ち切りにしたときもありました。まるで暴君です。反省。

　でも，ここ数年はボクがちょっぴり大人になったせいもあって，絶好調に「今月の唄」を歌っています。去年は6年生でたった6人だったけど，みんな歌うのが大好きだったので，朝からかなり盛り上がっていました。子どもたちも月初めにはどんな曲かを楽

しみにしてくれている感じでした。

　ちなみに参考までに去年（6年生）のラインナップはこれです。

曲名	歌手名
「イージュー★ライダー」	（奥田民生）
「ハピネス」	（AI）
「今のキミを忘れない」	（ナオト・インティライミ）
「天体観測」	（BUMP OF CHICKEN）
「明日へのマーチ」	（桑田佳祐）
「都市バス」	（THE BOOM）
「おどるポンポコリン」	（B.B. クイーンズ）
「小さな恋のうた」	（MONGOL800）
「オワリはじまり」	（かりゆし５８）
「夏の朝にキャッチボール」	（↑ THE HIGH LOWS ↓）

　　　　　　　　（注：「オワリはじまり」は卒業式でも歌った）

　ではご感想をどうぞ（笑）。なかなかいい曲が揃ってると思いませんか？　というか完全にボクの好みですが，それを子どもたちも気に入ってくれて，楽しく朝から子どもたちと歌えるというのがいいんですよね。嬉しいんですよね。まあ，それもこれも日々仮説実験授業をして，子どもたちといい関係でいられているからこそなんですけどね。

□**そして今年も２年生と……**

　今年ボクは淡路島の小規模校から，淡路島の大規模校に移籍しました。初めて隣にクラスがあります。「同一歩調」とか，「足並

みを揃えて」なんてコトバが実在するというのを存分に味わえています。そして子どもたちは18人と大規模校と言いつつ少なめですが、久しぶりに壁と窓に囲まれた教室です（前任校はオープン教室）。そして相変わらず「今月の唄」を朝から歌っています。

　朝、日番の微妙なかけ声であいさつをしたら、まずは「毎朝絵本」です。絵本の読み聞かせをしたら、次は「今月の唄」です。大きな紙に印刷した歌詞を黒板に貼ります。それを見ている子もいれば、月の初めに渡している歌詞のプリント（もちろん読み仮名付き）を見てる子もいます。でもだいたいは覚えちゃいます。

　自分の席で歌っている子もいれば、友だち同士くっついて歌っている子たちもいます。なぜか動きまくって歌う子もいます。もはやプチミュージカル（笑）。

　そしてみんなで熱唱したあとは「マッキーノ」です（ボクのクラスは一時間目はいつも国語）。そんな風にしてボクのクラスの1日は始まります。それはなんだかとても心地いい、居心地のいい、楽しい雰囲気です。それが毎朝あるというのが実にいいのです。〔マッキーノについては、『たのしくドリル・マッキーノ』仮説社、を参照してください〕

　考えてもみてください、朝からプリント学習とか、担任の謎の説法とか、判で押したかのような朝の会なんかよりは、絵本を読んで、「今月の唄」を歌って…、って方が素敵に思えませんか。個人的には嫌々プリント学習するよりも、歌って気分よく授業をスタートさせる方が学習効率も格段にいいに違いないと思い込んでいます。いや、言い聞かせています（笑）。

　月の初めは知らない曲に、なんともたどたどしく歌っている子

どもたちが，だんだん歌えるようになって，そのうち熱唱する。なんだか勝手にクラスが一つになる感じがして，それもボクは嬉しかったりします。

　さらに子どもたちやお家の人の話を聞いていると，「お母さんが，この曲知ってるって言ってた！」「パパがCD持ってた！」なんて子もいるし。あるお母さんは，家族でカラオケ行ったら，我が子が堂々と「今月の唄」を歌っている姿に感激したと，わざわざ手紙までくれました。あるお父さんなんかは「今月の唄がウルフルズと知って思わず叫びました」と言ってました。このお父さんはウルフルズの大ファンだったのです。

　そういう話を聞くと，ほんのわずかだけど「今月の唄」が家族の会話を弾ませるのに，つまりは家族団らんに，一役買っている場合もあるのかなと思います。それもボクの中では嬉しいことです。だから，お家の人と子どもたちが家でも歌えるように，月初めの学級通信「つよしにっき」には，その月の「今月の唄」の歌詞を掲載するようにしています。きめ細やかなサービスを目指していますので。そしてそれを見てお家の人が，「またも予想が外れました。でも好きな曲です」なんてメッセージをくれたりもします。和気藹藹(あいあい)です。

□気になるラインナップはこちら

　そして今年，２年つ組の子どもたちと熱唱した「今月の唄」のラインナップはこちらです。

　　　　曲名　　　　　　　　　　　　歌手名
　　　「イージュー★ライダー」　　　　（奥田民生）

「星をください」	(THE BLUE HEARTS)
「自転車」	(オレスカバンド)
「夏色」	(ゆず)
「全力少年」	(スキマスイッチ)
「アジアの純真」	(PUFFY)
「小さな恋のうた」	(MONGOL800)
「バンザイ〜好きでよかった〜」	(ウルフルズ)
「天体観測」	(BUMP OF CHICKEN)
「リンダリンダ」	(THE BLUE HEARTS)
「あなたに」	(MONGOL800)

　もう賢明な読者の皆さんならお気づきでしょうが，去年も今年も「４月の唄」は奥田民生さんの「♪イージュー★ライダー♪」なんです。これはボクが大好きなのもそうだし，何より歌詞がいいんです。そして子どもたちにも絶大な人気を誇るのです。１年たって，この曲が一番好きだったという子も多いのです。

　もう，この「♪イージュー★ライダー♪」だけでも，ぜひ一度クラスで歌ってみて欲しいです。きっと楽しんでもらえると思いますよ。

*

　余談ですが，今まではＣＤをかけていましたが，最近は時代がすすみました。ボクはiPhoneを使っているのですが，iPhoneは音楽プレーヤーとしても使えるのです。iPhoneをスピーカーにつなぐとiPhoneに入っている曲を大きな音で聞くことができるのです。それで毎朝「今月の唄」を歌っています。これはとても

楽ちんです。

　ただ休み時間も子どもたちが「今月の唄かけて！」とか「今までの唄かけてよ」とうるさかったりします。また，現代っ子ですから気を抜くとiPhoneを見事に操作して勝手にかけていたりしますが，それもご愛敬です。というか，休み時間に「今月の唄」をながしていると，子どもたちがなんとなく集まってきて口ずさんでいるという光景もボクは大好きです。

　今の学校現場は学力保証に，授業時数確保，行事の精選などなど，教師も子どもたちも時間とカリキュラムに追われて慌ただしくすごしています。

　そんな教育現場で，朝っぱらからのどかに「今月の唄」をクラスで熱唱するなんて，なかなかハードルが高いかもしれません。学校によっては朝の時間も伝家の宝刀"足並み揃えて"のところも多いでしょう。そういう場合は朝にこだわらず，帰りでもいいと思います。それも難しいなら，音楽の時間の最初に歌うのもいいかもしれません。

　なにはともあれ一週間ほどお試し期間でやってみてもらえると嬉しいです。ココロがちょっとほっこりしますよ。

(初出 No.402, 13・1)
1年生と「20のとびら」
● 「聞くこと」が楽しくなる

木下富美子 東京・小学校講師

★話を聞いてもらうことのむずかしさ

　久しぶりに小学1年生の担任になり、「話を聞いてもらうことのむずかしさ」を痛感しています。「もう知ってる」「なにそれ」など、グサッとくる合いの手も入るし、おちおちしていられません。45分の授業が終わると、ぐったりです。言葉が通じるということがありがたく思えてきます。何か説明しようにも、言い換えた言葉の説明がまた必要になったりして、一人で頭を抱えることもあります。

　そんな折、授業参観でやった「20のとびら」がとても楽しかったので紹介します。

　「20のとびら」の元ネタは、私が子どもの頃にあった「とんち教室」にならぶNHKの人気ラジオ番組です。「それは植物ですか、動物ですか、鉱物ですか」というゲストの問いかけではじまります。ゲストが様々な質問をしながら、お題のモノを当てるというものです。ただし、その質問は20問までで、司会者が「はい」「い

いえ」で答えられるもののみです。そのやりとりを聞いて子どもの頃「この世の中のものはこの３つに全部わけられるの？」と，とても不思議に思った記憶があります。

その後，『たのしい授業』で村上道子さんが「教室でできるゲーム」として紹介されているのを読んで，「こんなふうな使い方ができるんだ」と，新鮮に感じました（「〈20のとびら〉をやってみませんか」『教室の定番ゲーム１』仮説社，所収）。

村上さんは「20のとびら」をこのように紹介しています。

> 教室では必ずその実物を用意して隠し，あたると「あたり」といっておもむろに取り出します。20問のうちに何とか答えを出さなければならず，質問の残りが少なくなっていくことへのあせり，だんだんなぞがせばまっていくときの緊張感，あたって実物を見るときの興奮……みんな，この〈20のとびら〉が大好きです。
> （「それは〈20のとびら〉ではじまった」『たのしい授業』No.13）

★短時間で気楽にできる

私は授業１時間分（45分）を「15分を３つ」という考えで組み立てています。そこで，授業参観では，「20のとびら」を授業の最初の15分くらいで２問やることにしました。普段は朝の会や，ちょっと時間が余った時にやっています。

私ははじめに，動物か植物か食べ物かを言います。

「では〈20のとびら〉をはじめます。今日は動物です。はい，いいえで答えられる質問をしてください。途中で答えがわかった人は答えてもよいです。ただし，答えを言うのは１人１回です。

だからよく考えてから言ってね」
　「それは，みんながほしがりますか？」「いいえ」
　「動物園にいますか？」「はい」
　「黄色ですか？」「いいえ」
　「毛が長いですか？」「いいえ」
　「なきますか」「いいえ」
　「家で飼えますか？」「いいえ」
　「大きいですか？」「はい」
　「きょうぼうですか？」「はい」
　——という感じで進んでいきます。今のところ，質問したい子が好きに言うやりかたです。決まった子だけが質問することも多いです。また，子どもたちはまだ1年生で，授業書《背骨のある動物たち》もやっていませんので，系統的な質問は無理です。同じような質問ばかり続くこともあります。なかなか正解が出ないときはヒントを出せば，ほとんど20問のうちに正解がでます。
　あいにく，全部の質問を覚えていないのですが，この問題では最後に正解が出ました。
　「それは，クマですか？」「ピンポーン！　当たりです。じつは今日赤ちゃんグマを連れてきました」
　「ええ〜っ！」というどよめきの中で，ぬいぐるみのクマを抱いてみせると，すぐさま，いつも授業中に立ち歩いている新井君が触りにきました。「ほんもの？」「はい。……なわけないよね」

★好奇心をくすぐるモノを用意
　「ではもう一問です。今度は植物です。質問してください」

「それは森にありますか？」「はい」

「食べられますか？」「はい」

「みんながほしがりますか」「う〜ん，どちらかというと大人が欲しがります」……。

結局，これは子どもたちは当てられなかったので，参観していたお母さん方に聞いてみると，「マツタケ」と正解を答えてくれました。

そこで，「これも，今日，本物を用意しています」と言って，かごに入れたマツタケをみせました。お母さん方に見せると，歓声が。その後，匂いをかいで「？？？」。

実はこれ，私がお昼休みにティッシュペーパーで作った本物そっくりのマツタケだったので，焦げ臭かったのです（清野いずみ「ティッシュペーパーでまつたけ」『ものづくりハンドブック5，9巻』仮説社。口絵も参照）。職員室で焼いていたときも，同僚が「あら，もうマツタケ？どこの？」とすっかりだまされてくれました。ウフフフフ。

この日の授業参観はとてもいい雰囲気で終わりました。

ティッシュのマツタケ

★「20のとびら」から話題が広がる

私は「20のとびら」で問題を出すときは，何かそこから季節の話題が広がるとか，子どもたちの好奇心をくすぐるようなモノにかかわるとかいうことを心がけています。そして，ほとんどの

場合，どんどん話題が広がっていきます。

　問題が「ミミズ」だったときのこと。

「今日のお題は動物です」

「それは小さいですか？」「家で飼えますか？」「黒いですか？」「目は黄色いですか？」「飛びますか？」「泳ぎますか？」……。

　なかなか当らないので，「みなさんがあまり好きじゃないと思います。3文字です」と，ヒントを出し，それでも当らなかったので答えを言いました。

「それはミミズです」

「ええっ，動物じゃないよ」「生きてるよ」「虫だもん」「動物園にいないし」「先生がさっき生き物だっていったよ」「生き物と動物はちがうの」「へびと同じだから」「背骨があるのはどうぶつだから」「人間も魚も動物だから」「虫には骨ないよ」「カブトムシにはあるよ」「ないよ」「《足はなんぼん》でやったでしょ！」

　——と，まあ，止まらない止まらない。私はニコニコしながら聞いています。虫なんかは，好きな子はものすごく好きで知識もあるけど，嫌いな子はまるでなにも知らないので，こんな時間も貴重です。

　「20のとびら」をやるようになってから，子どもたちが喜びそうなものはないかと，私も毎日キョロキョロしています。朝，学校に行く途中で公園を通るのですが，そこでドングリやまつぼっくりを拾ったり，秋晴れの続く日などミミズのひからびたのを10匹以上も見つけたりと，出すお題には困りません。

　先日も，とちの葉っぱを拾いました。まさに，天狗のうちわそのものの大きな葉っぱです。「これは子どもがよろこぶなあ！」

と思って、さっそく隠して持っていきました。その日はサービスで、「天狗のかくれみの」という昔話もしました。

*

　2学期になって、朝のスピーチを始めました。話題は「昨日あったこと」や、話すことのない子は「今日の朝ご飯」といったことを、朝の時間に1分間、話してもらっています。なかなか話が続かないので、聞いている子どもたちに質問をしてもらうのですが、それがなかなかむずかしくて、同じことのくり返しになったり、聞いている方が騒ぎ出したりしてうまくつづきません。

　それが「20のとびら」だと、人がした質問をよく聞いていないと答えが当てられないし、同じ質問をするとまわりからブーイングを受けるし、自然と聞き方が真剣になります。「20のとびら」を続けていけば、「話を聞く」とか「質問する」といったことの練習にもなるかもしれません。

　2学期の終わりに「この学期の楽しかったこと」を書いてもらったら、たくさんの子どもたちが「20のとびらがたのしかった」と書いてくれました。

　急に休んだ先生の代理で他のクラスに入ったときも、「20のとびら」を最初にやると場がなごんで、そのあともいい雰囲気で進めることができました。とても便利です。これは誰でも気楽に真似できる、道具もいらないお楽しみです。

（初出 No.421, 14・5）

悩み相談ゲームはたのしいぞ

島　百合子　富山・小学校

これはおもしろそう！

『教室の定番ゲーム2』（仮説社）に載っていた小原茂巳「青春の悩み相談ゲーム」を読み、私は「きゃ〜、おもしろそう！　やってみた〜い！」と思いました。

でも、担任しているのが小学校2年生なので、「よい子の悩み相談ゲーム」としてやってみることにしました。

　　　　　　*

島「今日の学活は〈よい子の悩み相談ゲーム〉というのをしますね」

アキラくん「せんせ〜、ぼく悪い子なんだけど〜」（笑い）

島「悪い子でもだいじょうぶ。OKです」

ユミさん「私、悩みがないんですけど……」

島「悩みが無いのが悩みですか〜。いいですね。ウソでもいいので、だいじょうぶです」

みんなゲームの名前を聞いただけでクスクスと笑いが起こり、なんとなくたのしい雰囲気が盛り上がってきます。そこで、ゲームのやり方を説明し始めました。

「悩み相談ゲーム」のやり方

①悩み相談用紙（B6サイズ）を子どもたちに配る。用紙の真ん中を谷折りして、折り目を付けさせる。

谷折り

②用紙の左ページに「あのー、私（僕）、悩んでいるんです。じつは……」から始まる悩みを書いてもらう。悩みが無い子にはウソの悩みを書いてもらう。最後

にペンネームで相談者の名前を書く（回答者になる時も同じペンネームを使うので忘れないように！）。

```
「あのー，私，悩みがあるんですけど。じつは…
　わたし，おこづかいがもらえないんです。どうしたらいいんでしょう？
　　　　　　　　　　　　　　　
ペンネーム
　うさぴょん・より
```

③悩み相談用紙を折り畳んで回収し，よく混ぜて子どもたちに配る。自分の用紙が戻ってきてしまった人は，他の人と取り替えるようにします。その時，自分の悩みが戻ってきてしまった人が大勢いる時はその中で交換しますが，戻ってきてしまった人が2人ぐらいしかいない時は，「悩みが難しくて答えられないから交換したい人？」と聞いて，そういう人もあわせて交換します。とにかく質問者が誰かわからないようにすることが大切です。
④配られた用紙の右ページに，左ページの悩みの回答を書く。書き始めの言葉は「それではお答えしましょう」で統一。回答の最後に，相談の時と同じペンネームを書いておく。

```
「あのー，私，悩みがあるんですけど。じつは…
　わたし，おこづかいがもらえないんです。どうしたらいいんでしょう？

ペンネーム
　うさぴょん・より
```
```
「それではお答えしましょう。…
　ぼくももらえないんです。でもお手つだいをいっぱいつづければきっともらえますよ。

ペンネーム
　ほそ・より
```

⑤用紙を回収する。
⑥誰のものかわからないようにもう一度よく混ぜてから，教師が「相談」→「回答」の順に読み上げる。

相談するのも答えるのも楽しい！

「ウソの悩みも思いつかない」という人がいたので，「こんなのど〜お？」と横で私が勝手におしゃべりしました。

「あの〜，私悩みがあるんですが。実は天才すぎて困ってるんです」

「足が太くて困ってるんです」

「算数が苦手で困ってるんです」
などなど……。

思いつくままに言っていると，あっちこっちでケラケラ笑い声がおきて，みんな悩み事を書き始めました。

　悩み事を書き終わったら次は回答です。2年生には悩み事を書くより，この回答を書く方が難しそうでした。そうだよね〜。まだ人の悩みごとの相談に乗るという経験，あんまりないものね〜。でも，真面目な顔をして（中にはニヤニヤしながら）ツマツマと書き出していました。

　「悩みの意味（書いてあること）が分からない」という子には，横で小さな声で解説してあげました。たとえば，「ニックネームを相手につけるにはどんな風にすればいいのでしょう」という悩みに対して，「せんせ〜，ニックネームってなに？」「あだ名のことだよ」という風にです。

　そうしてできあがったものを読み上げていきました。「誰が書いて誰が答えたか分からない方がおもしろいから，自分や友だちのが出ても〈おれのだ〜〉とか〈○○のだ〜〉とか言わないでね」と言っておきました（言いたそうな気配の子が何人かいたので……）。

　ガハハと笑えるものから，なるほどと思えるものまで，私も一緒に大いに楽しみました。

　以下に，子どもたちの悩み相談と，それに対する答えをご紹介します。

■悩み相談 Q & A
Q. ぼくは海がほしいのですがどうしたらいいのでしょう。
　　　　　　　　　（魚のゾーラゾクより）
A. プールにしおと青を入れ，あとはすなをひいてせんぷうきでふき，ダンボールをサンゴの形に切って入れればいいよ。
　　　　　　　　　　　　（モルガより）

Q. わたしはやさしい人になりたいです。どうしたらいいでしょう。
　　　　　　　　　　　　（かおるより）
A. けんかをしなければ，きっとやさしい人になれますよ。ガンバッテくださいね。　（子どもより）

Q. ぼくはこくごがにがてでなやんでいます。どうすればいいのでしょう。　　　　（ドラゴンより）
A. お答えします。まず，かん字をおぼえろ〜。その次はマグロに聞

け～。その次は家でおぼえろ～。
（ウッハッハ～より）

Q. あのー，じつはぼくはやさいがきらいなんですけど，どうしたらいいでしょう。
（しゃっくりマンより）
A. お答えします。大人になれば食べられるでしょう。
（ゾーラゾクより）

Q. じつは，わたしは，書き方がにがてです。どうしたらいいでしょう。
（木よう日より）
A. お答えします。まず，ゆっくり書いたらどうでしょうか。
（クラゲより）

Q. わたしは，走るのがおそいので，はやくなりたいのがなやみです。どうしたらいいでしょうか。
（パイナップルより）
A. お答えします。大人の人と外に出て，家のまわりを大人ときょうそうしたらいいと思うな。
（メロンより）

Q. じつは，ゲームボーイがなくなったのですが，どうしたらいいでしょう。　　（グスピーより）
A. いつからなくなったか思い出し，どこにおいたかさがすだけ。がんばってください。（ゲロコより）

Q. わたし，おこづかいがもらえないんです。どうしたらいい？
（うさぴょんより）
A. ぼくももらえないんです。でもお手つだいをいっぱいつづければきっともらえますよ。（ほそより）

Q. ぼくは，やくそくをわすれてしまうのでなやんでいます。どうしたらいいでしょう。（くらげより）
A. お答えします。つぎのやくそくはメモでもかいて，わすれないようにしましょう。（アジサイより）

Q. あのー，じつは明日がお母さんのたんじょう日なんだけど，なにをしたらいいのでしょう。
（ガメラより）
A. 手作りの手紙とか，折り紙で作ったものはどうですか。または，お母さんの顔をかいたりしたらいいんじゃないの。（コーちゃんより）

Q. わたしは友だちといつもかえるのですが，ほかの友だちとかえろうとしたら，もう一人の友だちがとめるんです。どうすればいいでしょう。　　（かっちゃんより）
A. 自分から，「いっしょにかえろうよ」と，いったらいいんじゃない

の。がんばれ‼ がんばれ‼
（こんちゃんより）

Q. あの～，じつは，わたし，かんごふになりたいんですけど，どうすればいいのでしょう。
（ぴこちゃんより）

A. お答えします。べんきょうをたくさんしたら，かんごふになれるかもしれん。たぶん。おれさまは海のおおじゃマグロ。
（ガハハハハハより）

子どもたちの評価は？

以下は子どもたちの「楽しさの5段階評価」と感想です。

●評価

④たのしかった……6人
⑤たいへんたのしかった……27人
①たいへんつまらなかった……2人
③②は無し

●感想

・人のなやみをかいけつ（?!）したり，なやみを書いたりするのはめちゃくちゃがつくほどおもしろくて楽しかった。
（柄戸唯さん⑤）
・本当のことを書いてもおもしろいし，へんじが楽しい。うそのはもっとおもしろい，いい答えがでる。 （金谷茜さん⑤）
・いいお答えをもらってよかったです。 （倉橋繭子さん⑤）
・人のことをよく知ることができてよかった。（石黒航大さん⑤）
・こんなゲームを思いつくなんてすごい！ （黒川紗絵子さん⑤）
・はじめて聞いたゲームだったけど，とても楽しかった。
（須藤美香さん⑤）
・おもしろいなやみごとがいっぱいあって楽しかった。
（松木輝祐さん⑤）
・いっぱいわらって，いっぱいわらえたから，たいへん楽しかった。 （杉原郁子さん⑤）
・すごくおもしろいゲームだったよ。またしたいな。
（武部祐加さん⑤）
・おもしろいものがいっぱいあった。 （竹内政人さん④）
・人のなやみを知ってたのしかった。 （森田遼平さん④）
・はずかしいし，楽しかったよ。またしたいな。
（白石瑞紀さん⑤）

(初出 No.345, 08・12)

本当の姿がわかる?!
よい子テスト

イラストも筆者

萠出　浩　青森・お楽しみ科学実験出前屋

★恐怖！ オーメンの印

　仮説社から出ている本で，『ものづくりハンドブック』という，とても人気の高いシリーズがあります。この２巻に，福田美智子さん（大阪・小学校）紹介の「恐怖！オーメンの印」という遊びが載っています。

　この遊びは一円玉２枚を使って，「オカルト映画〈オーメン〉の主人公の生まれ変わりかどうかがわかる」というものです。一円玉２枚を手のひらに重ねて乗せ，下の一円玉のフチをなぞるようにして上の一円玉をゆっくりと回します。手のひらに○印が浮かんできたら，それが「オーメンの印」だというのです（実は誰がやっても必ず○印が表れるのですが）。

　私はこの記事を読んで飛びつきました。こんなに手軽に出来て，不思議な遊びはそんなに無いからです。すぐに自分の科学講座でもやることにしました。

　でも○印が出ることが恐ろしい結果につながるのでは，この遊びにつきあってくれる人は限られます。いや，そんな恐ろしいことにはつきあわせたくないような，そんな気すらするのです。

　そこで，講座に集まってくれた子ども達にも楽しんでもらえるように，やり方は同じですが，使うコインを一円玉と五円玉にし，中身をまるっきり変えて，「よい子テスト」という遊びにしました。それをご紹介します。

★緊張をほぐすテスト

　私は幼稚園や保育園で，科学遊

び講座の前にぐずってしまい，何をしても泣きやまない子ども達（と，それにとても困っている先生方）を何度も見てきました。

それもそうです。見知らぬおっさんがやってきて，その話を「お行儀良く聞きなさい」と言われるのですから，子どもにとっては大変です。そこで，子ども達の緊張をほぐす意味で，講座の前に「よい子テスト」をやることにしています。

最初にこんな口上を述べます。

「今，みなさんは大変お行儀よく待っててくれましたね。ありがとうございます。そこで今日は，みなさんがおうちに帰っても〈よい子〉かどうか，テストしてみたいと思います」と言って，普通の五円玉と一円玉を見せます。

「これは〈よい子テスト実験装置〉です。とても小さい装置で，一円玉と五円玉で出来ています。どういう風にテストするのかというと，まず利き腕の反対側の手のひらに五円玉をのせます。さらにその上に一円玉をのせ，私が相手の目を見ながら一円玉でぐるぐると五円玉の回りをなぞると……，本当によい子なら○印，そうでない子は×印がでます」

「えぇ〜。本当？」

「嘘みたいですが本当です。そして，この答えが本当のあなたの姿なのです。テストしてもいい人，手をあげて〜！　おうちに帰っても自分がよい子だと思う人，手をあげて〜！」

保育園や幼稚園で実施すると大半がいっせいに手を挙げてくれますが，小学生が主な参加者だとその数は少なくなります。

最初の挑戦者を選んだら，その子の手のひらへ五円玉と一円玉を重ねて乗せます。最初の挑戦者への注目はものすごいものがあります。とってもにぎやかな園児の集団でも，この瞬間はシーンとなります。

一円玉は，五円玉のフチをなぞ

るように，ぐるぐると手のひらに軽く押し付けるような感じで動かします。

しばらくこすっていると，五円玉のまわりに○印が浮かび上がってきます。

印が出てきたら，「おっ，だんだん結果が出てきました。なんと結果は○でした〜」と言いながら，○印のついた子どもの手のひらをみんなに見せ，「よい子でした〜。拍手〜」とやると，見ている子ども達はいっせいに「わ〜。ぱちぱちぱち〜」となります。〔口絵参照〕

最初は参加してくれなかった子も，何人か続けて○印しか出ないことがわかると，どんどん参加してくれます。

以前，「テストしてもらいたい人は並んでね〜」と気楽に言ってしまったところ，数十人もの列ができ，これだけで30分もかかってしまい，肝心の科学遊びの時間が減ってしまったことがあります。

にもかかわらず，集まった保護者にも先生にも非常に評判が良かったのです。「おかげで子どもの自信になったようです」と言ってくださる先生まで現れました。「この遊びは本当に優れている」という感想をもらうことも多いのです。これは本当に予想外のことでした。

★二重三重のトリック

このテストを楽しめるのは子どもだけではありません。じつは二重三重のトリックを仕込んでいるので，大人でも十分興味を引かれるのです。

15人くらい連続で実験を続け

ていると，被験者はドキドキでも観客は飽きてしまいます。そうなったら次に移ります。

「じつはこの実験，もっとすごいよい子がいると，なんとその子の手のひらには〈スペシャルよい子〉の印，二重丸がでるのです」

こうなると，うすうす原理をわかり始めた子どもや大人達も，「え～」と，ざわざわした驚きの雰囲気に包まれます。

手のひらにつく黒い○印の正体は，一円玉が削れてできたアルミ粉が，下の五円玉にそって手のひらについたものです。このアルミ粉はこすられている五円玉にも付着しています。二重丸はそれを利用するのです。

方法は簡単です。今までこすっていた五円玉の面をを裏返して手のひらに置けばいいのです。

五円玉の外側のフチに付着したアルミ粉を，裏返して押しつけることで丸い線が手のひらにつきます。これが二重丸の内側の線になります。

後はこの上から知らん顔をして一円玉でなぞり続け，外側にもう一つの丸を描くのです。

★ハイパースペシャルよい子！

この遊びは福田美智子さんが書かれているように，一円玉2枚でやっても何の支障もありません。二重丸も同じように出来ます。しかし，五円玉を使うと，なんと〈ハイパースペシャルよい子〉の印，三重丸も出すことができるのです。

これを出すにはさらに五円玉を十分こすって入念に小さい穴の回りや全体にじゅうぶんアルミ粉をつけておく必要があります。三重丸の一番内側の丸は五円玉の穴の盛り上がったところなので，ここにアルミの黒い粉をつけるには五円玉全体をよ～くこすっておくしかないのです。

そして，二重丸と同じように，三重丸のときにも裏返して，まずしっかりと強く手のひらに押しつけておきます。そして同じように外側にもう一つの丸を描くのです。

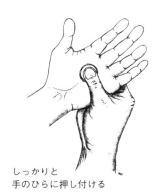
しっかりと
手のひらに押し付ける

　五円玉の穴の丸, 外側のフチの丸, そして一円玉をこすってできた一番外側の丸で三重丸ができるのです。

　こすり方が足りないと, 内側の線がうっすらとしていて, あまりハッキリわからないときもあります。そんなときは,「でました〜。三重丸！　ハイパースペシャルよい子です。拍手〜」などと, 勢いで納得させてしまいましょう。

★いろんな形もできる

　この遊びでは, とにかくリラックスしたたのしい雰囲気が出来ればそれでいいと思います。これを元に道徳的な話に持っていきたがる人もいますが, 私は必要ない (しない方がよい) と思っています。

　なお, 三重丸をつけたときには一緒に五円玉の模様がつくことがあるので, 勘のいい子にはバレるでしょう。それも素晴らしいと思います。

　からくりをどうしても聞きたい人がいたら説明しますが, 普通は何の種明かしもしません。雰囲気がなごんだら, 私はさっさと科学遊び講座に入っています。

　この遊びは, コイン以外のものでもできます。四角い金属や三角の金属, 星形の金属をのせて, 一円玉でフチをなぞるようにしてこすれば, その通りの形が残ります。ですから, 適当な形の金属が手に入れば, その形にちなんだお話を作ってみてもたのしいと思います。例えば五円玉を観客に内緒で星形の金属に変えて,「星形のマークがでると夢が叶います」などなど。

　それにしても, この遊びを紹介してくださった福田さんには本当に感謝しています。おかげで私の科学遊び講座はより余裕を持って楽しめるようになりました。

(初出 No.431, 15・2)
誕生日には手品を
●僕と子どもたちをつなぐ楽しみごと

内山美樹　三重・小学校

誕生日は手品の日

　ここ数年，僕は担任として受けもった子どもたちの誕生日には，手品をすることにしています。

　僕はふしぎなおもちゃや手品がわりと好きな方です。高価なものは買えませんが，安くておもしろいものがあると，つい買ってしまいます。それで，学校の子たちにも時々見せたりしてはいたのですが，「さあ，手品だぞ」と言うのも何か突然すぎるような気がして，何かきっかけがほしかったのです。

　そこで思いついたのが，〈子どもたちの誕生日に手品をする〉ということ。誕生日はとてもうれしいものです。家庭では誕生日のお祝いをするのでしょうが，学校でも誕生日の子が主人公である時間を（2〜3分でも）過ごしてもらいたいと思いました。そうすれば，僕も好きな手品ができるし，その子へのささやかなプレゼントにもなり，一石二鳥だなあと思ったのです。

「先生，あさっては私の誕生日やんな。どんな手品してくれるん？」「ああ，そうやったなあ。まあ楽しみにしとってんか」「僕は，23日！」「よしよし」「僕は11月27日！」「おお，だいぶ先やなあ」

どの学年でもこんな会話があります。すると決まってこんなことを言う子が出てきます。

「先生！　僕の誕生日，今年は土曜日やよ？」「あっそう。じゃあその前の金曜日にしようか。それとも月曜日がいいかな？」「先生，僕は誕生日が7月25日（夏休み）だけど……」「うん。それだったら，1学期の終業式の時にしようか？」「私は，8月29日」「じゃあ，9月1日の始業式の日にするわ」

うれしいことに，たいていの子は僕の手品を楽しみにしてくれているようです。

手品をするのは，「朝の会」の時間です。子どもたちにあいさつをした後,「今日は，○○ちゃんの誕生日です。みんなも○○ちゃんに，〈おめでとう〉と言ってあげましょう。……じゃあ，今日はこんな手品だよ」と始めます。

元気のいいクラスの場合は，子どもの方から「今日は，○○ちゃんの誕生日やよ！　今日はどんなんするん？」と，あいさつよりも先に言われることもあります。

どちらにしても，その日は朝の会に手品をするのですから，手品の用意がいります。忘れていてはその子に失礼な気もするので，備忘録に子ども一人一人の誕生日を予め書いておきます。うっかり忘れた場合は，先に朝の連絡をして，「ちょっと，用事思い出した！」と職員室へ手品の道具を取りに行き，ポケットにしのば

せてからもどるのです（せこい！）。

　手品では，よくお客さんに，道具を調べてもらったりカードひきなどを手伝ってもらったりすることがあります。僕は，それを誕生日の子にしてもらうことにしています。

　「じゃあ，○○ちゃん，出てきてもらおうか。ここにリングがあるけど，切れ目がないかちゃんと調べてね」などと道具を調べてもらったり，カードをひいてもらったりします。調べてもらうと困るような手品の場合は，「今日は☆☆ちゃんへの手品だよ。☆☆ちゃん，よく見ていてね」とか言って，その日の主人公をはっきりさせます。

不器用な僕だけど……

　こうして書いていると，手品のできる器用な教師のように思われそうですが，決してそんなことはありません。僕がする手品は誰もができるもの，ほとんど練習する必要のないものが多いのです。だからといって，くだらないかというと，これが結構おもしろいのです。子どもたちが「あ〜！」「なんで？」と不思議がってくれるものなのです。

　僕の手品はほとんど『たのしい授業』で紹介されたものです。僕は年に１〜２回，仮説実験授業・たのしい授業の講座やフェスティバルに参加しています。そういう会で手品やおもちゃを買うわけです（仮説社へ直接注文することもあります）。

　ともかく，子どもたちは楽しいものには敏感です。僕は楽しいものを見つける能力はないのですが，信用できる雑誌やステキな人の紹介をそのまま取り入れる能力はあるみたいです（「それっ

て能力って言うの?」との声)。

僕のお気に入り

ここで,練習がいらず,子どもたちが不思議がる手品をいくつか紹介させていただきます。〔入手方法は文末に記載〕

◉ インビジブルゾーン(『ものづくりハンドブック5』参照)

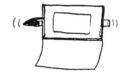

小箱の穴にボールペンを横からさしこむと,反対側からボールペンの先が出てきます。ところが,さしこんだまま,小箱を開けると,中は空っぽ! どうなってるの?

◉ フローティングマッチ(『たの授』No.116,口絵参照)

カードの上に置いたマッチ棒に念力をこめると,ゆっくりフワッと浮かび上がります。念力は気合を込めておおげさに。僕はこれで"超能力者ウッチー"に変身します。恥ずかしさを押さえることがコツです。高学年に大ウケ。

◉ 浮沈子(『ものづくりハンドブック』1,2,6,8巻参照)

これは手品ではありません。かつて浮き沈みの激しかった僕が"浮沈子の内山"と名のったほど夢中になった科学おもちゃです。指の動きに合わせて,水の中の小物が浮いたり沈んだり止まったりします。身近な材料でできるので,子どもは作りたがります。「じゃあ,今度作ろうか」ということになり(なるかな?),またまた楽しい時間が生まれます。

◉ カラーカード?

正式な名前はよくわかりません(ご存知の方は教えてね)。もう

10年以上前，仮説実験授業の会の売り場でコスモ物産の平野さんのすばらしい実演で思わず買ってしまいました。6種類の色のカードを並べ，お客さんに1枚裏返してもらいます。それをズバリ当てるのですが，これが本当によく出来ているカードなのです。十数年たった今もバリバリの現役です。

● ワープボール（『たの授』№380，口絵参照）

確か川崎で行われたたのしい授業フェスティバルの講座で中野隆弘さん（東京・中学）が紹介され，その時買ったものだと思います。ポケットに入れたはずの赤い玉がおまじないをかけると元の入れ物に戻っているというものです。

まだまだありますが，「たのしい授業」関係の手品なら，簡単で楽しさ保証付きだと思います。お気に入りがいくつかあると，誕生日の子にあった手品を考えるのも楽しみになります。「人数分の手品を用意しないとできない」わけではありません。タネ明かしさえしなければ，同じ手品をやっても大丈夫。それにおもちゃやおもしろ実験など，手品じゃないものを手品っぽく見せることもあります。それでも子どもたちは，楽しんでくれます。

以前，絵入りの手品リストを作って，子どもにどれがいいか選んでもらおうとしたこともありました。でも，これはすぐ止めました。理由ははっきりしないのですが，僕が手品を選べなかったからでしょうか。仮説実験授業でどの授業書をするかを教師が選ぶのも一つの楽しみです。子どもたちの様子や自分の体調などいろいろ考えて決めるといいかなと思います。落語家が，客席の様

子を見てその日の出し物を決めることがあるというのを聞いたことがあります。そういうのと似ているのかも知れません。

手品で復讐？

それでは，その子にあった手品とはどういうものでしょうか。「不思議な現象に興味がある○男君はフローティングマッチにしよう」「☆子ちゃんはカラーカードをもう一度してほしいと言ってたなあ」「△△君はおもしろ実験がいいかな」——そんなふうに思いつくまま気楽に選んでいます。そうそう，こんな例を紹介することにしましょう。

以前5年生を受け持った時に，ちょっとふてぶてしい太君（仮名）という子がいました。太君は「先生，それじゃ今度は片手でやってよ」とか「じゃあ、次は目をつぶってやって」などと手品に次々と注文をつけてくるのです。初めはそれに応じて適当にやっていましたが，注文通りできないと「あはは，できないじゃん」ということを言ったりするのです。そしてちょっと雰囲気が悪くなったりしたことがありました。

復讐に燃えた（？）僕は，太君の誕生日にはあいつの鼻をあかしてやろうと思いました。そして選んだのが，〈ふしぎ棒〉（『ものハン』2，4巻，口絵参照）でした。これは，下の図のように木でできた筒（A）の穴に棒（B）をさしこむと，パチンと音がしてBがAの中に勢いよく入っていくというものです。よく見るとAの先にはゴム状のものがついていて，B

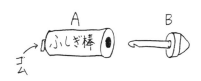

の先にも切れ込みがあるので,Aの穴の中でBの先の切れ込みがゴムにひっかかってBが引っぱられるように見えます。

「今日は太君の誕生日です。みんなで〈おめでとう〉と言おうね。……今日は"ふしぎ棒"というのを持ってきました。これ不思議なんです」と言うと,太君「なんも不思議とちがうよ～」(ほらきた)「いや,不思議なんだよな,これ。これをこうすると(わざと時間をかけて苦労しているように),あれっ?……こうすると……ウ～ン」パチン!「ほら,こっち(B)が吸いつけられたように入ってしまいました! 実に不思議ですね」「わかった!ゴムでひっかけとるだけやん。簡単や!」「そうかなあ? じゃあ太君,やってみる? みんな拍手ぅ」(ぱちぱち)。

ちょっととまどいながらも太君が出てきました。

「これ,むずかしいんやで。ええか?」「こんなんちょろいもんさ」とかなんとか言ったはいいけれど,なかなかゴムに棒の切れ目がひっかかりません。「う～ん」と苦労している太君に,「がんばれっ,太!」とか言いながらも,心の中は「ヒヒヒ」。悪い教師です。「あれっ,できんか? これはこうするとやなあ,ほらっ!」(今度は簡単に)パチン!「あれっ!? なん

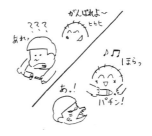

で?」と太君。ねばってやり続けましたが,なかなかうまくできません。とうとう「もうできんやん!」とあきらめてしまいました。

太君があきらめたふしぎ棒を「僕も,僕も」とやりたい子が続出しました。結局誰もできず,「どうしてだ?」となりました。僕はもう少し,この心地よい余韻を楽しむため,「教室に置いて

おくから挑戦したい人は休み時間にしてもいいよ」と言って授業に入りました。

　休み時間も何人かが挑戦しましたが，できません。そして何でもないという感じで僕がパチン！としてみると「オ〜」とか感嘆の声があがりました。こうして快感を十分味わっているうちに，とうとう女の子にその秘密を見破られてしまいました。実はこれ，Bがゴムにひっかかってひっぱられるのではなく，Bの太くなっているところを指でつまんではじいているだけなのです。子どもたちは「なんだ〜」「先生だましたな〜」と言いながらも，そのパチン！がおもしろいらしく，何度もやっていました。まんまと"ふしぎ棒"にひっかけられた太君でした。

おしまいに

　手品はタネを知っていると，やるのが恥ずかしくなるものもありますが，それを表情に出さないのもテクニックのひとつ。それ以外に「誕生日手品」で気をつけていることを書いてみます。

① 手品に注文をつけさせない

　どうも手品をやる僕が身近すぎるせいか，先の例の太君のように注文をつけてくる場合があります。手品というものは，不思議な現象を見て楽しむものということを初めに言っておく必要があるようです。だから，最近では「誕生日に手品をしますが，これは見て楽しむものだから，あれしてこれしてと注文はつけないでね」と言っておきます。それでも子どもたちは十分楽しんでくれるようです。

② あっさり終わるのがよろしい

あまり時間をかけず，あっさり終わる方がいいと思います（太君の例は特別）。さっとやって自然な拍手がおきれば最高です。小さい子には「初めと終わりは拍手してね」と教えます。それが礼儀にもなるし，やっている僕も気持ちがいいからです。

③ タネあかしはしない

見破った子がいたら「スゴイ！」と言ってほめてあげますが，簡単にタネあかしをするとかえってつまらなくなります。それに「また，やってほしい」と思う子がいることもあるからです。

④ 雰囲気を大切に

低学年の子に手品をみせると反響がすごいです。中には本気で僕が超能力を使えると思ってしまう子もいるみたい。でも本気にしてもらっては困るので，適当に冗談を言って超能力ではないことを匂わせます。逆に高学年をもっている時は太君のように「いんちきや〜」と言う子が出てきます。でもこれはあまり気にしなくていいかなと思っています。そう言いながらも，楽しみにしてくれているのがわかるからです。気になる輩は"ふしぎ棒"でやっつけてやればいいのです。

こうして数年，手品をしていると，僕のことを「手品の先生」と思ってくれる子がいたりします。廊下を歩いていて「先生，今年も手品しとるの？」と前年度担任した子から言われたり，他の学年の子から「手品やって」とか言われたりすることがあります。またPTAの集まりで，あるお父さんから「内山先生に手品をしてもらわなあかんな」とか言われたことがありました。実際親子行事の最後に僕の手品コーナーができたりして恐縮したことがあ

ります。それでもやってみると，終わった後，熱心に手品の質問に来られる方がみえたりして，いい思い出になっています。そうそう，僕は最初の学級懇談会でも簡単な自己紹介とともに手品をするのですが，それはお母さんだけでなく，僕自身の緊張感がやわらぐので気に入っています。

　誕生日手品の感想はとったことはありませんが，先の太君の学年が卒業していく時の文集に，各学年の思い出を五七五で書いたものが残っています。その中に5年生の思い出として，手品のことを書いてくれた子が何人かいました。

五七五調の感想
　○ ユニークで　手品が好きな　先生だ　　　　浦井千里さん
　○ 先生の　てじながすごく　たのしみだ　　　藤原　翔君
　○ 誕生日　手品楽しみ　5年生　　　　　　　井島里恵さん
　○ 手品とか　やってくれたよ　たのしいな　　小林祐子さん
　○ 誕生日に　してくれた手品　楽しみだった
　　　　ネタはほとんど　分かっていたけど　　　木綿咲枝さん
　　　　　　　　　　　　　　　（2000.8.24，2015.1.14改定）

＊インビジブルゾーンは，amazonなどで購入できます。フローティングマッチ(スーパー)は600円，浮沈子は40個入り800円，ワープボールは500円，ふしぎ棒は500円です（税別）。いずれも仮説社で扱っています。送料等は254ペ参照。

(初出 No.382, 11・8)
拍手の練習

宮地祐司　愛知・高校，楽知ん研究所

●拍手は自然に沸き起こるものか？

　あなたは，拍手は自然に沸き起こるものだと思いますか？

　「自然に沸き起こらなければ，それはやらせだよ！」と思った方もいるかもしれません。それでは質問の仕方を変えましょう。人間は誰からも教えられずに，拍手をするように生まれてくるんでしょうか？　この質問なら，どうでしょうか？

　私は拍手は文化だと思っています。拍手する場に居合わせることで，どういう時に拍手するのか，拍手されるとどんな気持ちになるか，そういう体験をとおして教えられ，学んで，はじめて習慣化するのではないでしょうか。その証拠に，欧米では素晴らしい講演や研究発表の後で，スタンディングオベーションをする文化がありますが，日本ではそれはありません。「今までそういう文化がなかったからだ」と私は思います。

●学校外の講座で最初にやること

　さてさて，私は学校外で週末に，1時間半の科学の講座を依頼されることがよくあります。1時間半では仮説実験授業はやれないので，大道仮説実験というプログラム（詳細は http://www.luctin.org/）をやっています。親子孫20組，40〜50人くらいの子どもから大人まで，いっしょにたのしい時間をつくることができ，一度やるとやみつきになるほどです。

　その時に，一番最初にやるのが拍手の練習です。こういう場に集まってきたみなさんは，自分の家族以外，お互い見知らぬ人です。

講師である私も,初対面です。これから,予想をたて,実験をして,イメージを豊かにつくっていっていただくのに,変に緊張したり,遠慮したり,自由に物が言えないのでは,脳ミソを動かす邪魔になります。そして,1時間半後には,もう二度とこのメンバーで集まることはないのです。まさに一期一会です。

では,これから,私がいつもやっている定番の拍手の練習風景を,一部だけ再現してみます。

●拍手の練習風景の再現

みなさん,こんにちは! 今日は,これから,みなさんといっしょに,たのしい時間をすごしたいと思います。これから,問題を出して,そのどれが正しいと思うか,みなさんに予想をたてていただきます。そして,そのどれが正しいのかを,この場で実験して確かめます。人間は,自分の予想があたると,うれしいんですね。そしたら,遠慮なく,拍手や喜びの声を発していただいてかまいません。予想がはずれたら,驚きや悔しさの,これまた声を出してください。せっかくなので,盛り上がっていきましょう。

でも,拍手や歓声を出すのもいきなりだとなかなかできません。そこで,まず,拍手と歓声の練習からしますね。

はい,では,まず,これを見てください。この形はなんですか? 四角?

そう,小学校の高学年になると,正方形と言いますけど,いっしょです。じつは,この四角,ただの四角ではありません。これは,〈くしゃみに反応する四角〉[1]なんです。

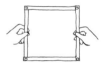

ウソー!って? じゃあ,確かめてみます。みなさん,口に軽く手をあてて,クシュンとかわいく,くしゃみの真似をしていただけますか? そうすると,この四角が反応します。それを見ると,きっと,「オー!」という歓声や拍手をしたくなると思います。

では，いきますよ，せーの！
「クシュン」（四角が丸になる）
（オー！
パチパチ
パチ！）

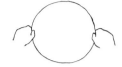

●スタンディングオベーションの練習まで

そのあとは，拍手に反応して〈コーヒー牛乳に変身する牛乳パック〉，大きな拍手に反応して〈絵が出て，フルカラーの絵本になる白いノート〉で，同じように拍手と歓声の練習を重ねていきます。定着にはドリルが必要ですから，手を変え，品を変えてやります。別に手品を見せようというわけではないので，なるべくバカバカしく，誰でも簡単にやれて，技術がいらない，あまり手品っぽくないものがいいです。

そして，最後に登場するのが，スタンディングオベーションを察知する〈黒い布〉[2]です。では，ここも再現してみましょう。

＊

拍手と歓声の練習をしてきましたが，人間，もっと感動したことに出会ったら，どうしますか？

オーケストラの音楽会とかでよくやりますよね？　フィギアースケートでも，最近，やりますよね？　何ですか？　そう，立ち上がって拍手する，スタンディングオベーションです。

今までの人生でスタンディングオベーションをしたことがある方いらっしゃいますか？〔大人もほとんどいません〕

それでは，最後に登場するのが，このスタンディングオベーションを察知する〈黒い布〉です。この〈黒い布〉は，これからスタンディングオベーションが起こりそうだなぁという時に，前もって察知して反応するという，すぐれものです。

じゃあ，やりますよ。〈黒い布〉がスタンディングオベーションを察知して反応するのを見たら，もうみなさんは，思わず立ち上がって拍手をしたくなるはずですよ。もし，そうならなくても，よろしくお願いいたしま

す。では，いきます。

（〈黒い布〉をグルグル回すと，虹色のカラーの布に変化する。口絵参照）

（「オー！　オー！！」。歓声があがり，スタンディングオベーションが起こる）。

ありがとうございます。みなさん，ちょっとはリラックスできましたか？　では，さっそく，今日の本題の大道仮説実験をはじめます。リラックスした脳ミソで，あーでもない，こーでもないといろいろ脳ミソを動かしてくださいね。

●エンディングでの伏線

こんなふうにして，1時間半の講座の最初の10分くらいを使って，拍手と歓声の練習をします。するととても雰囲気がよくなりますし，参加者のみなさんの笑顔が広がります。笑顔が出れば，脳ミソは動き出します。

じつは，このスタンディングオベーションの練習は，伏線でもあります。大道仮説実験が終わった時に，「これでおしまいです」と言って，「大きな拍手」と書いたものを無言で見せます。そして，片手の指先で，ほんの少しだけ，参加者のみなさんに立ち上がってもらうようなゼスチャーをします。すると，なんとまるで打ち合わせでもしていたかのように(^^;)，スタンディングオベーションが自然に沸き起こります。これは，本当に気持ちがいいです。

あなたも，〈自分でやったことに対して，多くの人からスタンディングオベーションをされる〉なんていう経験をしたいと思いませんか？　ひょっとすると，これで人生が変わることだってあるかもしれません。そのためにも，こういう文化は，ぜひ，未来の日本でも広げていきたいなぁと私は勝手に思っています。

1）「変形リング」という手品。税・送料別1200円。
2）「レインボーストリーマー」という手品。税・送料別2300円。44ペの中村 文「出会いと別れを虹色に」もご参照ください。

いずれも仮説社で販売しています。送料等は254ページ。

③ メッセージを贈ろう！

「おたより」
&「学級通信」

〈夏休みの宿題〉
は，オススメです

伊勢革観
宮城・小学校

　夏休みの前の暑ーいクラス。担任は成績処理やら事務整理でバタバタしていて，つられるように子どもたちもガヤガヤ……落ち着きません。そんな時期の道徳または学活に，道徳／読み物プラン〈夏休みの宿題〉（峯岸昌弘・作，次ぺに掲載）はどうですか？

　このプランの良さは，みんなで（教師も）気楽にのんびりと読み進めていけるところです。〈夏休みの宿題になかなか取り組めない主人公の悪戦苦闘ぶり〉が，設問をまじえて，おもしろおかしく書かれています。夏休み前の半ばコーフン状態の子どもたちに，ボクが教師根性丸出しで「宿題はやりなさい！ 計画的にやらないとあとで痛い目にあいますよ！」と，ガミガミ言わなくていいのも良いところです。

　ときにゲラゲラ，ときにハラハラしちゃうこの読み物プラン。授業したあとの子どもたちの感想には，「この人はだらしないです！ ボクならもっと計画的にやれます」なんていうのがけっこうあります。ボクがガミガミ言わなくても，子どもたち，ちゃんと分かってくれているんですね。

　ちなみにボクの学校では，夏休み前の授業参観が全クラス，道徳の時間になっています。同職している宮城・仮説サークルの岩崎ゆきえさん（6年生担任）がこのプランをクラスやったところ，保護者にも大好評とのことでした。夏休み，なかなか宿題に取りかかれないわが子に対して，「計画的に宿題やらないと，あのお話の主人公のようになっちゃうわよー」と，親は具体的に注意できるのがいいみたいです。

　〈夏休みの生活〉をそれとな～く指導できて，ちょっとほろ苦い教訓も教えてくれる――そんな良さがある〈夏休みの宿題〉，オススメです！

＊〈夏休みの宿題〉も収録された峯岸昌弘・作「道徳プラン24本セット」は仮説社HPで販売中。税・送料別2778円。

■道徳・読み物プラン■
夏休みの宿題
(2007.8.20 版)

──プラン作・峯岸昌弘(群馬・小学校)──

イラスト／峯岸さんの生徒さん

　今日は,「夏休みの宿題」で,失敗してしまった峯岸昌弘さんのお話をしたいと思います。もし自分だったらどうするだろう,なんて考えながら読んでくれるとうれしいです。

＊＊＊

　夏休みはうれしいのですが,必ず一緒についてくるのが,大量の宿題。僕はその宿題が大嫌いでした。僕はそれを,夏休みの終わりの頃になってから,一気にやる子どもでした。やるときには集中していっぺんにやりたいのです。毎日少しずつやるというのは,僕にとってはかなり難しいことでした。
　僕の母は,僕の性格をよく知っていたので,「どうせ一気にしかやれないんだったら,夏休みのはじめのうちに,一気にやればいいじゃない。はじめにやっておいた方が,後がラクだよ!」なんて教えてくれていました。でも,僕は,夏休みの最初に一気に

やるなんて、絶対にできませんでした。やっとの思いで夏休みになったのに、宿題（勉強）をするなんて、休みになった意味がないじゃないか！ そう思っていました。

けれど、毎年、夏休みの最後には、ひどい目にあっていました。いつもそうなのですが、どうして初めのうちにやっておかなかったのか！と、夏休みの最後に後悔するのです。

「こんなにたくさんの宿題、残り少ないあと何日かで終わらせるなんて大変だ！ 夏休みが始まったばかりのころは、毎日遊んでいたじゃないか。どうしてあの時にやっておかなかったんだ！ ああ、タイムマシンがあれば、その時に戻って宿題をやり始めたい。僕にもドラえもんがいればなぁ…！」

――しかし、そんな叶いもしない願い事ばかり考えていても、宿題はいっこうに減らないので、僕は毎年、泣きながら宿題をやっていました。

*

そして、僕が小学校4年生の夏休みのこと。夏休みの宿題で何度も失敗してきた僕は、今年こそ、余裕をもって宿題をやろうと心に決めていました。最初から少しずつやれば、あとであんなに苦しい思いはしなくてすむはずだ。

さらに今年は、母が新しいアドバイスをくれました。

「午前中の涼しいうちに1日分の宿題をやればいいのよ。」

そうか！ 朝起きて、ご飯を食べて、すぐ宿題をすれば、1日楽

しく遊べるんだ。ようし！今年はそれをためしてみよう。
　さて，その年に出された宿題はというと……，
① 毎日ひとこと日記を書きこむ生活表。
② 夏休みの読書３冊以上と読書感想文。
③ 絵日記を数枚かく。
④ 学校のプールに10回以上参加する。
⑤ ポスター作品１点以上。
⑥ 夏休みの自由研究（工作など）。
⑦ 毎日見開き１ページずつやっていくようにできている「夏休みのドリル」１冊（国・算・理・社が全部入った問題集）

　どれも，簡単には終わらないものばかりです。そして，今年もやっぱり出ました，毎年必ずある「夏休みのドリル」。最後に泣きながらやるのは，いつもこれです。

　さてポスターや工作などは，毎日少しずつできるものではないので，いつか気が向いたときに一気にやることにしました。それ以外のものは，少しずつ，午前中にやろう！
　生活表，読書，夏休みのドリル。この３つを，毎日少しずつやることに決めたのです。

＊

　ところが，決めてみると，不思議なことに気付きました。毎日

やるようにできている「夏休みのドリル」。僕は〈やった日〉というところに，あらかじめ日付けを入れてみました。すると，なんと8月9日には全部終わってしまうではありませんか。

「おかしいな??」と思って見直してみても，やっぱり8月9日で終わってしまいます。今まで，最後に一気にやっていたので気づかなかったのですが，毎日欠かさずやれば，夏休みの最初の半分ぐらいで終わらせることができるものだったのです。

それに気づくと，僕は，ますますやる気がわいてきました。生活表は，その日の天気と出来事を書けばいいだけだし，読書はおもしろい本さえ見つければ，そんなに辛いものではない。感想文が書ける程度に読めばいいだろう。僕はうれしくなってきました。

〔問題1〕さて，この計画は何日続いたでしょうか？

ア．1日しかできなかった。

イ．3日続いたが，それだけ（三日坊主）。

ウ．8月9日まで続き，無事終わった。あとは遊べた。

エ．8月9日まで続き，さらに夏休みの終わりまで別の勉強も続いた。

オ．そのほか。

1日目。さっそく朝起きて、ご飯を食べ終わると、すぐに机に向かいました。すると、母は僕を誉めました。「今年はエライじゃない！」誉められると、ますますやる気になります。

そして、あっという間に、今日の分の宿題が終わりました。時間でいえば30分もかからないうちに！

これはすごいぞっ！と思いました。こんなに簡単なことを続けるだけで、夏休みの宿題のほとんどが、夏休みの半分で終わってしまうなんて！どうして今まで、こんなにすばらしい方法があることに気づかなかったのか。どうして誰も教えてくれなかったのか（よく考えてみると、先生も母も、毎日やれば楽だよと教えてくれていたのだが）。

明日の分も、今日やってしまおうか、と思いましたが、やめておきました。もし明日の分もやって、疲れてしまったらダメだ。次の日にやりたくなくなるというのが、一番よくないだろう。毎日（まいにち）、ラクに、というのを続けよう。そう思いました。

*

次の日。僕は朝寝坊しました。そして、運悪く、その日は午前中に学校のプールがあったので、午前中には宿題ができませんでした。

でも、今日の分は午後にできるから大丈夫だと思いました。僕には自信がありました。なんといっても、今日の1日分は30分もかからないうちに終わらせることができるのです。そんなのは、

− 5 −

プールから帰って、お昼を食べて、すぐやればいい。

　プールが終わり、お昼を食べると、眠くなってきます。宿題はあとまわし。なんといっても、計画では「涼しいうちの午前中にやるからこそ、あっという間に終わる」というものです。午後の暑い中でやるのは時間を無駄にするだろう。そう思って、クーラーのきいた涼しい部屋で（！）昼寝をしました。

＊

　その夜、僕はとうとう、その日の宿題をしませんでした。だって、夏休みのはじめには、おもしろいテレビ番組が集中します。
「これは、はじめにしか見られないものだ」——そう考えて、僕はテレビを見ることを優先し、宿題をやりませんでした。
　でも、僕には自信がありました。「今日の分は、明日の午前中にやろう。のってるときに、一気にやれば、1時間もしないで終わらせられる。もし、今日みたいに忙しくて、明日2日分できなくても、8月10日には終わるじゃないか。10日に終わったとしたって、まだまだ半分以上、自由にできる夏休みがたっぷりと残ることになる」——僕は安心しました。

＊

　そうして、次の日も、そのまた次の日も、僕は何かと言い訳を作っては、宿題をやらない日が続きました。計画通り（？）にいっ

たのは1日だけ。三日坊主にすらならなかったのです。

(問題1の答えはア)

＊

　ようやく焦り始めたのは，8月9日をむかえた日でした。今日からやり始めないと，本当に1日に2日分やらなければならないことになる。

　僕は気合いを入れて，ドリルのページを開きました。今日やるページの日付けの欄には，僕の字で「7/26」と書いてありました。それを見て，焦りによって生まれたせっかくのやる気が，一気になくなりました。

　そして，後悔が始まります。ああ，何で7月26日に，このページを開かなかったのだろう。開きさえすれば，あっという間に終わっていたはずだ。何をやっていたんだ，その時の僕は！　ああ，夏休みのはじめに戻りたい。タイムマシンがあればなぁ…。でも，そういう後悔をしても，時間は戻らないので，いやいやながら，僕はドリルを始めました。

〔問題2〕さて，ドリルはその後，どうなったでしょう？
　　ア．その日から毎日やって，無事終わらせた。
　　イ．その日から一気にやり，残りはラクに過ごせた。
　　ウ．ドリルを後回しにし，やらないで過ごした。
　　エ．そのほか。

しかし、その日のドリルは、1日にやらなければならない半分ぐらいで、疲れてしまい、やめてしまいました。「……だめだ、こういうのは少しずつなんてできない。1日分って、けっこうあるじゃないか。しかも、こんな辛いことを、残り半分しかない夏休みに、毎日やらなければならないなんて、辛すぎる……」
　そして、僕はまた、ドリルを開かなくなってしまったのです。それよりも先に、ポスターや工作をやろうと思いました。気が向いたとき、そういう宿題は楽しくできるのです。僕は、それらを何日かかけて仕上げ、できたことで一安心して、残りの夏休みを満喫しました。　　　　　　　　　（問題2の答えはウ）

＊

　夏休みも残り3日とせまった日。いよいよ、ドリルをやらなければならない時がきました。あらためてドリル開いてみると、すごい量のページ数と問題数。それもそのはず、毎日やっても夏休みの半分は使わないとできない量なのですから。さすがの僕も、焦りはピークに達し、とりあえず、やりやすいところから進めていきました。得意な理科、社会、国語…といった順番に、どんどん進めていきます。そして、最後に大量に残るページが算数なのでした。これは毎年のことです。
　そして、去年と同じように今年も後悔します。「こんなにたくさんの宿題、残り少ないあと何日かで終わらせるなんて大変だ！夏休みが始まったばかりのころは、毎日遊んでいたじゃないか。
　どうしてあの時にやっておかなかったんだ！ああ、タイムマシ

ンがあれば，その時に戻って宿題をやり始めたい。僕にもドラえもんがいればなぁ…！」

　夏休み最後の夜。今年も僕は泣きながら算数の問題をやっていました。「ああ，あと何時間もないのに，こんなに問題が残ってる……。どうしよう，どうしよう，どうしよう……」——あせればあせるほど，問題は手につきません。それでも，泣きながら歯を食いしばってやり続けました。

　そうして，いよいよ「あと１ページで終わる！」というところまでたどりついた時には，すでに夜の10時になっていました。いつも９時半には寝ていた僕にとって，夜10時はもはや起きていられない時間でした。

　しかも，やりやすいページからどんどんやってきたので，最後に残ったページはとんでもないページでした。見開き全部が計算問題。しかも，答えがピッタリにならない「余りのあるわり算」。問題数もすごい量で，とてもあと何時間で終わるものではありませんでした。

〔問題３〕僕は，この残ったドリルを，どうしたでしょう？
　ア．できるところまでやって，出した。
　イ．やらないで持っていき，先生に謝って出した。
　ウ．そのページだけのりで貼り付けて出した。
　エ．出さなかった。
　オ．そのほか。

そこで、しかたなく、僕は、その計算問題が大量にあるページだけ、のりで貼り付けてしまおうと思いました。こんなにたくさんページがあるのだから、先生だってパラパラとしか見ないだろう。1ページぐらい貼り付いていたって、気づかないはずだ。

僕は、こっそり台所に忍び込み、ご飯ジャーをのぞきました。残りのご飯の何つぶかを手に取ると、また戻ります。

……なぜかって？　普通ののりで貼って、もしもばれてしまったら、確実に先生に叱られるじゃないですか。だから僕は考えました。〈ご飯つぶでページを貼り付ける〉という方法を。

最悪、もしばれてしまっても、「あ……！　ご飯食べるテーブルでやってたからだなぁ。ご飯つぶで貼り付いていたなんて、気がつきませんでした。先生すみません…。やってきます」と言い、叱られることなく、宿題の締め切りを延ばすことができるじゃないですか。そして、うまくばれなければ、このページをやらなくてすむかもしれないのです。我ながら名案だと思いました。

(問題３の答えはウ)

*

次の日、僕はドキドキしながらドリルを出しました。

「いつ返してくれるのかな……？　ばれちゃうかな……？　ばれないですむかな……？」

しかし、出してからというもの、何日も何日も、そのドリルは返って来ませんでした。すぐに返ってこないと不安になります。

「……きちんと見ているのかな？ ばれたらどうしよう…」
僕は不安で不安で仕方がない日々を過ごしました。

*

 何週間かして，ドリルは僕の元に返されました。ドキドキしながら中を見てみます。すべてのページに「見ました」のハンコが押されているではありませんか！「まずいなぁ……」と，おそるおそる，ご飯つぶで貼り付けたページを見てみました。
 するとなんと，ご飯つぶで貼り付けたページは無惨にもはがされ（！），計算問題がぎっしりと並ぶ，全く手を付けていないページがあらわになっていたのです。そこには先生からの「見ました」のハンコも押されていませんでした。コメントも，なんにも書いてありませんでした。固くなったご飯つぶが何個か，むなしく残っていました。
 そして，最後に書いてあった先生からのコメントにも，そのページのことについては，何も書かれていませんでした。
 ……しかし，先生にばれてしまったことは確実だと思いました。しっかり貼ったはずのページが，こんなにもきれいにはがされているなんて…！
 僕は悩みました。先生に謝りにいくべきか。でも，先生から何も言われていないのに，自分から持っていって，「先生〜，これはご飯を食べるところでやっていたから，ご飯つぶがついちゃって，それで……」といいわけを始めるのは，かなりあやしいし，

勇気がいることです。とはいえ、そのことについていいわけをしないにしても、ここまでハッキリとやっていないページがあるのに、問題をやって再提出しないというのも、いけないような気がしてきました。

〔問題4〕このあと、僕はどうしたでしょう？
　　ア．そのページをやって、いいわけをして、出した。
　　イ．そのページをやって、何も言わずに、出した。
　　ウ．やる前に、いいわけをしに行った。
　　エ．行かなかったし、何もしなかった。
　　オ．そのほか。

僕は、いいわけもしなければ、その問題をやって出すこともしませんでした。今さら、その問題に触れられたくなかったのです。でも、その代わり、僕は毎日ビクビクしながら過ごしました。いつ先生にこのことについて言われるか、気が気じゃありませんでした。先生と目が合うと、すぐにそらしたし、休み時間に先生が近づいてくると、怖くなって逃げました。担任の先生がかわるまで、ずっと気にしていたかもしれません。　　（問題４の答えはエ）

――おわり――

＊＊＊

　結局、峯岸さんは大人になるまでそのことを気にしていて、こんな文章を書いているくらいなのです。「こんなに長い間気にするくらいなら、そんなことしなければよかったよ」と、今になって思っているそうです。

　みなさんはこのお話を聞いて、どう思いましたか。最後に考えたことや感想を教えてくれるとうれしいです。

■授業する際は、峯岸昌弘「道徳からのたのしい授業入門」（『生きる知恵が身に付く道徳プラン集』仮説社、に収録）もご参照ください。授業プランを使った授業の進め方や感想の取り方などが解説されています。

(初出 No.368, 10・8)

先生から？ 暑中見舞い！
●休み明けのドンヨリ，なんとかしたいですね●

小原茂巳　明星大学

　夏休み！ あなたの笑顔と元気を大切にしていますか？
　ずーっと部活で忙しかったかな？ どこかに遊びに行ったのかな？ 家のお手伝いをしているかな？ ボォーッとした日々もおくれたかな？ 「ワタシってイイところあるなぁ」と思えることに出会えましたか？

　夏休み，何か一つ〈ステキ発見〉があるといいですね。
　ボクは，浦和（埼玉）・仙台（宮城）・那覇（沖縄）…と〈たのしい授業の研究（会）の旅〉を続けています。「どうしたらみんなに理科の授業をたのしく学んでもらえるか」「どうしたらみんなにとって居ごこちのいいクラスになるか」ということを考えています。これはボクにとっての夏休みの宿題です。
　「何もしないうちに夏休みがどんどん過ぎていくよー」── そう，でも，そんな思いはみーんな同じ。〈夏休み，もう10日しかない〉と思うとちょっぴりあせってしまいます。でも，〈夏休み，あと10日もある〉と思えば，何かもう一つできそうじゃありませんか。9月，とびっきりの笑顔でまた会いましょう。たのしい2学期にしようね！ ヨロシクね。

　　　　　　　　　　　　　　　　　　小原茂巳

●「暑中見舞い」を せっせと書く先生

僕は中学の学級担任だった頃,夏休みには決まって,僕のほうから学級の子どもたち全員に「暑中(残暑)見舞いのはがき」(や,年末には「年賀状」)を出すことにしていました。

「どうしてわざわざ先生のほうからはがきを出すの？ 子どもたちから〈暑中見舞い〉が届いたら,それからその子に返事を出せばいいじゃないの？ その方がずっとラクだし,それでいいんじゃないかなー」

あるときまで,僕もそう思っていました。

ところが,もうかなり以前のことになりますが,仮説実験授業研究会の全国大会に参加していたとき,ほかの人の研究発表を聞きながら,何やらたのしそうにはがきの宛名書きをしている人が目に入ったのです。はがきの束を机の上にドンと置き,生徒の名簿を見ながらせっせと「暑中見舞い」を完成させていたのです。

(へぇー,あの先生,生徒への暑中見舞いを書いているんだー！ すごいなー！ 熱心な先生だなー！ それにしても,こっち(先生)から出すなんて大変じゃないのかなー？)

その人は「水道方式・算数教育」の分野でとても有名な新居信正さんでした。僕は恐るおそる,「それ,大変じゃないですかー？」とたずねてみたのですが,新居さんはニコニコしながら,「いやー,そんなことないよ！ これ,いいよー！」と答えてくれました。僕は,「そうかー,きっと,新居先生は子どもたちの笑顔を想像しながらこの暑中見舞いを書いているのだなー！」「これって,もしかして気持ちのいいことなのかもしれないなー！」と思ったのでした。

●意外に簡単,わくわく投函

その夏,さっそく僕も真似をして,子どもたちに向けて「暑中見舞い」を出してみることにしました。文面はあんまり難しく考えずに,子どもたちに向かって,「元気にしているかなー？」「みんなにとってたのしい夏休みだといい

なー！」「９月，始業式の日，みんなと会えるのをたのしみにしていまーす！」などと語りかけるようにペンを走らせてみました。

できた文章は，最近では自分のプリンターで打ち出すようになりましたが，それまでは学校の輪転機で印刷していました。

「印刷したものでいいのだ」ということも，僕にとっては新鮮な発見でした。自分の住所・氏名も印刷しておけばいいのです。そうすると，あとは子どもの宛名を書くだけです。印刷と宛名書きに要した時間は，１時間半程度でした（生徒は30名余り）。想像していた以上に短時間でできました。

一番時間を要したのは，最初の文面を考えることでしたが，その後はこれを〈定番〉にしちゃえばいいのです。実際に，僕はその年以来ずーっと，ほぼ同じ内容の「暑中見舞い」を出し続けたのでした。（最初に掲げた文面は何年か後のものですが，形式は最初からずっと，こういう感じでした）

さて，子どもたちに「暑中見舞い」を出してみて，「あー，これって，とても気持ちのいいことなんだなー！」ということを実感しました。それは予想以上で，はがきの束をポストに入れる時，僕はいつも胸のときめきを感じるのです。それは「自分の名前が書かれた暑中見舞い」を手にとったときの子どもたちの顔・顔・顔……を想像してしまうからなのでしょう。

このはがきが届いたら，子どもたちは驚くだろうなー。とても喜んでくれる子だっているだろうなー。
（私，まだ子どもなのに，私宛てに先生からはがきが届くなんて！）（へぇー，担任の小原先生からなんだー！ 先生ったら，夏休み中でも私たちのことを気にしてくれている。小原先生，なかなかやるじゃない！）（"あーぁ，夏休み，もう終わっちゃうのかー"とさみしく思っていたら，こんな手紙が届いた！ なんか，ちょっぴり元気になってきたぞ！）……

こんなふうに僕は勝手に（ノーテンキに？）子どもたちの気持ちを想像してはニンマリしているの

です。

ところで、こういうときって、つい返信を期待したくなるものです。でも、これはあくまでも「暑中見舞い」。その目的は「みんな、元気かなー？」「9月、みんなと会えるのをたのしみにしているね！」というメッセージを子どもたちに伝えることです。だから、返事は期待しない方がいいですね。返事が来なくてアタリマエ。たとえ1通でも返信が届いたら、僕は、超ラッキー！と思うようにしています。

じっさい、1通でも子どもからの返信が届くと、とてもうれしい気持ちになれました。あー、僕を待っている子がいるんだー！

すると、始業式の朝、学校へ向かう僕の足取りが軽やかになるのです。正直、教師だって、長い夏休みの後の出勤は気がどんより重くなっていますからね。きっと子どもたちの中にも、始業式の日の朝、同じようにどんよりとした気持ちでいる子がいるに違いないのです。そんな気持ちをちょっとでも軽やかにするキッカケを与えられたらいいなー。

●気にしていること

「暑中見舞いは先生から出しちゃおう！」という話を、昭島・たのしい教師入門サークルなどで報告したら、真似してくれる人が何人も現れました。中には、先の僕の文面をほぼそのまま真似して、自分の「定番・暑中見舞い」としている人もいます。

「始業式のときに、子どもたちから"先生、はがきありがとうね！"と言われてうれしかったですよ！」「僕なんか、あるお母さんから"先生は子ども思いのイイ先生ね"と褒められましたよ！」などと報告してくれる人もいました。

そこで、この機会に〈暑中見舞いを作る→出す〉にあたって、僕が気にしていること・大切にしていることを、少し付け足してみましょう。

① 出す時期は、夏休み後半に入る頃（始業式の日の10日ぐらい前）がいい。「残暑見舞い」ですね。ちょうど、子どもたちの多くが「あ

〜ぁ，夏休みもまもなく終わっちゃうなー」と気が重くなってくるような時期です。

② すると，ラッキーにも子どもたちからの返事のはがきが届いた場合，それがちょうど〈夏休み終了日近く〉になる。すると，この僕（教師）の重い気分（夏休みが終わっちゃったー）が少しは軽くなって，始業式の日，元気に出勤できるようになる。——結局の所，僕は「生徒のため」というより，自分のシアワセのためにやってるんだなぁ！

③ 夏休み，何もせずグダグダと過ごし，そんな自分のことを情けなく思っている子もいるはず。また，宿題が終わらずにあせっている子もいるはず。そんな子にも読んでもらえる「暑中見舞い」にしたい。たとえば，次のような気持ちを込めたメッセージが入るといいですね。

「同じような気持ちでいる子が他にもいっぱいいるよ。僕だって，子どもの頃,そうだったよ！」「（たとえ，このまま始業式の日を迎えてしまっても，気に病むことはないよ）ぜひ，元気な顔を見せてください。会える日をたのしみにしていまーす！」など……。

④ 宛名は,「方」が必要な場合でも，メインは必ず「生徒名」にする。たとえば，「吉田新之介様方 吉田はお様」などとね。たとえ小学生でも，しっかり「大人扱い」してあげましょう。

●どっちにしても，
　これはオススメ

日ごろ子どもたちとの関係がよければ，暑中見舞いを手にしたときの子どもたちの喜びはより大きいでしょう。「あー，先生からのお便りだー！　うれしいなー！」などとね。先生の方だって，心から素直に，「元気にやっているかなー？」「９月，会えるのをたのしみにしていまーす！」などと子どもたちに語りかけるように書くことができます。

でも，もし不幸にも子どもたちとの関係がうまくいってなかった場合はどうでしょう？　子どもたちに，「チェッ，俺は（会うの）たのしみじゃねーよ！」みたいな

反応だってありえます。

　そんな可能性が考えられる場合は，ちょっと文面を変えて，「さらっとした暑中見舞い」に徹してはどうでしょう。関係を挽回したい気持ちもさらっと知らせられるようなものがいいと思います。たとえば，僕だったら，「少しでもみなさんにとってイイ担任になれるように，この夏，いろんな研究会に参加して勉強しています」とか，「少しでもみなさんに歓迎してもらえるような"たのしい授業"ができるように，只今，研究中です」などという文章を入れたいですね。

　なお，「チェッ，アイツ（先生）からかよ！」と言いそうな子の顔が思い浮かんでも，「全員がそう思うわけではない」ということを忘れないでください。子どもたちの中には，「あー，先生も俺たちとのこと，気にしているんだー」「もっとイイ学級，たのしい授業にするために，先生も努力しているんだー！」「この先生，気を使ってくれてるじゃん！」などと思ってくれる子どもたちもけっこういるのです。だから，やはり，「こちらから暑中見舞いを出してみる」というのがいいですね。オススメします。

＊

　かつての僕は，子どもたちから「暑中見舞い」「年賀状」が届いたら，それに対して返事を書くことにしていました。返事だけですから，枚数もそれほど多くなく，時間もたいしてかかるわけではありません。ところが，当時の僕はその手間が重荷でした。「返事を書かなくては…」と思いつつ，一日のばしにして，出すのはいつも夏休み終了ギリギリになっていました。ひどいときには始業式の日にも間に合わず，子どもたちに会わす顔がなくて小さくなっていました。まるで，宿題を忘れてしまった子どものようでした。

　それと比べて，〈こちら（教師の側）から暑中見舞いを出しちゃう〉というのは，なんと気持ちがラクなことか。人間って，オモシロイですね，こちらの方が書くはがきの枚数は何倍も多いというのにね。

（初出　No.261, 02・12）

合格お守り年賀状

小沢俊一　東京・中学校

　ボクは，中学３年生の担任になると，正月にはいつも「合格お守り年賀状」というものを子どもたちに出しています。

　その趣旨は，下の文面を見てもらえればわかると思いますが，「志望校に合格できる不思議な効能がある」感じ（？）のものに工夫し，

開　運　合　格

　この「合格お守り年賀状」は古来より，不思議な力を持つものと人々より敬われてきた。
　この年賀状を胸に試験を受ければ，あら不思議。頭脳明晰，ファイト一発，受験者の頭と体に満々たる活力を与えるであろう。
　すべからく正月はこの年賀状を信じ，ひたすら勉学に励むべし！　必ずや光り輝く未来が君の前に開けるであろう。
　二〇〇二年一月一日

　　　　　　　　　　　　　　　　ニコニコ堂主人

若者よ！　明日を信じて走り続けよ

入試をひかえた子どもたちに送って励ます，ということです。

　この年賀状はわりと子どもたちに喜んでもらえます。最近はパソコンで簡単に年賀状が作れるので，受験生を受けもったら，一つやってみてはいかがでしょうか。

●志望校へはばたけ！

　今年は，さらに工夫を凝らし，『たのしい授業』で紹介された「マジックフライヤー」を封書にセットして送ってみました。マジックフライヤーはチョウチョ形の玩具です（右図・『たの授』No.237,184～85ペ，口絵も参照）。ゴム仕掛けで，本などの間に挟み，開けると飛び出す，というものです。

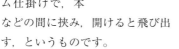

　普通に送っても子どもたちは驚くだろうけど，今年は中3です。せっかくだから，「合格お守りチョウチョ」として発送することにしました。さて，年末にワクワクして送ったのですが，結果は……。

　　去年はいろいろめーわくをかけたけど，今年もよろしくお願いします。チョウ（超）ビックリ＆爆笑でした‼　うちのマミーが飛び上がってビックリしてました。いま，チョウで弟と遊んでます。あのチョウを胸に受験がんばります。去年はいろいろありがとうございました。

　　遅くなってしまってすみません。あのチョウ，びっくりしました。しかも起きてすぐだったからなおさら……。去年はいろいろお世話になりました。今年もよろしくお願いします。

　こんな好反応が多く，見事「合格お守りチョウ」は元旦に各家庭で炸裂したようでした。

●合格お守りチョウの送り方

①まず，添付する「合格チョウの効能」を書きます。効能は適当に，要するに「正月早々，このチョウが飛んだからにはキミはきっと合格するよ」というようなこと。ほとんど前ペの年賀状と同じですが，ボクの考えた能書きを文末に載せておきます。

②厚紙に効能を書いた紙を貼って折り畳み，その中にマジックフライヤーを40回くらい巻いて，挟みます。
③生徒の宛名を書いた封筒に入れ，封をして出来上がり。

マジックフライヤーは200円*。封書で贈るとさらに切手代で80円（お年玉くじ付きだと83円）。さらに封筒だのなんだので一つ300円くらいになってしまいます。しかし，ボクは受験生を担任するのが3年に1度しかないし，子どもたちにとってみても，「一生思い出に残る年賀状」となるだろうと思うと，たまにはイイかなと思います。

*「マジックフライヤー」は仮説社で販売中。税別360円，送料等は254ペ。

―― 合格チョウの効能（例文）――

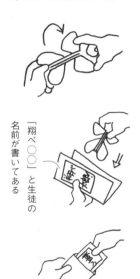

「翔べ○○」と生徒の名前が書いてある

正月に合格チョウが飛ぶのダ！

中に合格チョウの効能が書いてある

謹賀新年

このチョウは古来より学業の守り神と人々より敬われてきた。このチョウを胸に試験を受ければ、あら不思議。頭脳明晰、ファイト一発、受験者の頭と体に満々たる活力を与えるであろう。すべからく正月はこのチョウを信じ、ひたすら勉学に励むべし！　必ずや光り輝く未来が諸君の前に開けるであろう。

二〇〇二年一月一日

ニコニコ堂主人

もらってうれしい 年賀状

水口民夫　大阪・小学校

●年賀状には問題をつけて

　夏休みや冬休みに子どもたちに暑中見舞いや年賀状を出すことがあると思います。私がはじめて勤めた学校で，子どもに出す年賀状に〈お年玉つきの問題〉を書いている先生がいました。年賀状に問題を書いておいて，休み明けに正解を言ってきた子には賞品をあげるのです。

　これはいいアイデアだと思い，私もマネをして，それ以来子どもたちにはお年玉つき（問題つき）年賀状を出すことにしています（不幸のあった家の子どもには〈寒中見舞い〉を出しました）。また，ハガキの空いたスペースには，担任の自筆で何か一言書いておくようにします。

　お年玉（プレゼント）の中身は，その年によってちがいますが，分子模型の下敷きやシール，おもちゃ，旅行先で買ったお土産などです。

●新学期が楽しみになる！

　お年玉付きのハガキをもらった子どもたちの多くは，早く問題の答えを知りたいと思い，始業式を楽しみにしてくれます。

　クイズに正解しなかった子どもには残念賞も用意しておいて，全員がなにかプレゼントをもらえるようにしておくといいと思います。

　以前，サークルでこのアイデアを紹介したところ，音田輝元さんから「これはいい！」とうれしい評価をもらいました。そこで，このアイデアを広く知ってもらうために，こうして書いてみました。次ページにお年玉つき年賀状の見本とその回答を掲載しておきます。

↓年賀状の文面

> **あけましておめでとうございます**
> **今年もいつも笑顔で元気でね！**
>
> お年玉つき年賀クイズ
>
> 〈問題〉
>
> 雨粒の大きさには、いろいろあります。どしゃぶりの時の雨粒の大きさは、直径2〜3mmほどありますが、いわゆる霧雨のときの雨粒の大きさは直径が0.15 mmほどしかありません。大粒の雨は、霧雨とくらべて、直径では10倍以上、体積や重さではじつに1000倍以上もちがうのです。この雨粒が地上にふってくるときの速さは、大粒の雨と霧雨とでは、どちらが速いと思いますか。
>
> 予想
> ア．大粒の雨の方が速い。
> イ．霧雨のほうが速い。
> ウ．どちらもほとんど同じ速さ。
> エ．時と場合によって違うのでなんともいえない。
>
> ＊予想にマルをつけて、このはがきを始業式の日に学校に持ってきてください。正解者には、プレゼントをさしあげます。

〈回答と解説〉

この問題の答えは，アの「大粒の雨の方が速い」です。

出典は，板倉聖宣さんの書かれた『ぼくらはガリレオ』（岩波書店，1972年）という本の136ぺの問題です。おなじ問題は，板倉さんの『大きすぎて見えない地球 小さすぎて見えない原子』（仮説社）の20ぺにものっています。

水滴の大きさによる落下速度は，以下のとおりです。

　　霧雨　　　　　　　　　　　　　0.5m/秒
　　ふつうの弱い雨（直径1mm）　　4 m/秒
　　ふつうの強い雨（直径2mm）　　6 m/秒
　　雷雨（直径3mm）　　　　　　　7〜8 m/秒

小粒の雨ほど，その重さにくらべて空気の抵抗をうける割合が大きいので，速さはおそくなるのです。

(初出 No.375, 11・2)

手紙の台紙は折り染めで
卒業式に親に贈る手紙

小沢俊一 　東京・中学校

●**手紙の台紙は「折り染め」で**

　毎年，卒業の時期になると中学3年生に取り組ませている定番の課題がある。「卒業式で子から親へ贈る手紙」である。このプランは埼玉の中学教師である田辺守男さんが提唱したものだ（田辺守男「子どもが親に感謝の手紙を書くとき」『たのしい授業』No.164）。

　ボクは『たのしい授業』に発表されて以来十数年,毎年実施して，好評を博している。長年育てた我が子から，義務教育終了の記念すべき日に「親（保護者）への感謝の気持ちや,将来への決意や抱負」が書かれた手紙をもらって感動しない親はいないだろう。これは，ほぼうまくいく取り組みなのである（ただし，中には事情があって感謝する気持ちになれない子もいるので，その場合は「将来への決意や抱負」でよい）。

　もちろんボクは毎年中3の担当になるわけではない。ただ，美術教師という立場上（美術教師は東京ではほとんど1校に1人),「手紙の台紙を作る」という作業を美術の課題として3年生に課すことができる。そして，ボクはその手紙の台紙に，「生徒が自ら染めた折り染め」を使うようにしている。〔口絵参照〕

　「親への手紙の制作」自体は田辺さんの完璧な資料があるので，ボクが担当学年でない場合でも，それを3学年の同僚に渡せば，それでOK。もっぱらボクは台紙の制作に専念できるのである（作り方は155ペ参照）。

　今年（2010年）も（いつもの調子で）学年会に提案して，ボク自身は美術の授業で台紙作りを担当した。ところが，今年の3年には，仮説実験授業研究会の会員で

もあり，サークル仲間でもある山路敏英さんがいたのだ。そして，山路さんから「この折り染めで台紙を作るってアイデアはすばらしいよ，是非資料にまとめておくと良い」と強力にすすめられたのである。

といっても，ボクのアイデアは「台紙を折り染めで作る」という一点のみである。だが，山路さんは「千代紙，友禅紙で作ったことはあるけど，お金がかかるし，何より折り染めだと生徒自身が作った作品を手紙と一緒に渡せるところがとても良い」と，その一点をとても高く評価してくれたのだ。

● 多めに作って一番良いものを

「折り染め」の手順は，『たの授』や『ものづくりハンドブック』に載っているので，省略する。ただ，手紙の台紙を前提とするなら，折り染めに使う和紙は「板締染色用和紙（Ｂ４）」（墨運堂，100枚組800円）が裁断の手間もなくそのまま使えるので便利であろうと思う。また，染料も仮説社で取り扱っているものでも良いが，学校で買うなら，図工美術の教材カタログに載っているマーブリングセット（和風・透明）や彩液を買うのも手であると思う。「彩液セット」（6色，70ml，4200円）などというものもある。ボクは彩液を1.5リットルのペットボトルに底から3cm分くらい入れて，水で薄める方法をとっている。

折り染め自体は子どもたちに3枚〜4枚くらいはさせて良いのではないかと思う。その中の一番気に入ったものを手紙の台紙に使うのである。では余ったものはどうするか，ということになるだろう。これもアイデアはいろいろあるが，もっとも手っ取り早いのは，ウチワではなかろうかと思う。季節的にはイマイチだが，なにしろ簡単で，見栄えが良く，後々使えることころがいい。白紙のウチワは100円くらいからある（アーテックの図工・美術のカタログなど）。

それでも染色和紙は余ることになるが，余ったものは家に持ち帰らせても良いし，学校に寄付してもらう手もある。寄付してもらっ

た和紙で，当日欠席だった子や学校を休みがちな生徒のために，美術部や美術係などの有志の生徒に頼んで台紙を作っておいてもらうのである。これで担任は手紙の作文指導のみに集中できる。

●木工用ボンドをベースに

　台紙やウチワに和紙を貼るには「どんな糊を使うか」という問題がある。もっともオーソドックスなのは，昔懐かしチューブの「ヤマト糊」である。これを手で台紙全面に薄くのばして貼ればそれでOKだ。ただ，ボクはそれだと少々面倒（今の中学はクラス数が多い！）なので，洗濯糊（CMC系，植物系。最近あまり街では見かけない）に木工ボンドを混ぜて，ペンキ用の刷毛で一気に糊をぬらせる方法をとっている。スライム作りによく使うPVA系（合成糊系）のものは粘着力が弱いので，ボンドと混ぜる場合はほんの少し，刷毛さばきが良くなる程度に入れると良い。また，洗濯糊を準備するのが面倒なら，水をボンドにほんの少し（刷毛や筆を濡らして，そ れでボンドをかき混ぜる程度）だけ入れても良い。要するに，ボンドだけだと少々固い感じで刷毛では塗りにくいので，のりや水で薄めてやるのである。後は作品乾燥棚等で一晩乾かして，「折った状態」でクラスごとにまとめてスズランテープ等でしばり，上から美術全集なり百科事典なりの重い本で圧を加えて，1～2晩寝かせて，台紙をびしっとさせる。

　まぁボクなりの作り方のノウハウはこんな所である。

●とにかくオススメです

　ボクは現任校には転勤したばかりなので，3年の同僚たちは（山路さんをのぞいて），親への手紙に「遭遇した」のは初めてのようで，各担任からいたく感動された。「取り組みの最初に小沢さんからもらった例文（ボクが前任校で書かせたもの）を読んだら，それだけでクラス中シーンとしちゃって，作文を書いている時もサラサラと鉛筆を書く音しかしないのよ。とても良い時間が過ごせました」（国語の女性）とか「いつも

は1時間たっても1行もかけないような子もけっこう書いてるんだよねぇ。内容も良くて、誤字脱字のチェックをしようと完成した子の手紙を読み始めたんだけど、もう、3人〜4人読んだらボクまで泣けてきちゃって、その後読めなくなっちゃったよ」(山路さん)というような感想をもらった。

台紙を何にするかはともかくとしても、「卒業式で親(保護者)に贈る手紙」は絶対におすすめである。中3はもちろん、小6でも良いかもしれない。人生の節目に、あらためて親の気持ちを振り返り、未来への決意を新たにする、親への手紙はそんな効果があるような気がする。

では、最後に山路さんのクラスの子どもたちの手紙をいくつか紹介する。

お母さんへ

お母さん、今まで15年間育ててくれて本当にありがとう!! いつも、ずっと迷惑をかけちゃってごめんね。お母さんはいつもわがままや、つまらない話を聞いてくれるのに、何もかえせなくて本当にごめんね。今までいろんなことがあったね。お父さんがいなくなったり、おばあちゃんが亡くなってしまったり……。でもお母さんは一人でここまで育ててくれた。本当にありがとう。そしてそんなお母さんを尊敬しています。お母さんの言葉は、いつも勇気をくれたり、支えられたり、物事を大きく考えさせてくれます。これからもたくさん迷惑をかけると思う。でも、いつか親孝行するから待っててね。　　　(佐藤さん)

お父さん、お母さんへ

今日、3年間の中学校生活が終わります。なんだか短かったけど、人生の中でとても大きいものでした。昔はみんなに一生懸命な姿を見せられなかったけど、今は卓球とか勉強を誰にも負けないくらい頑張ったから優柔不断な人生とお別れできました。全国大会では福岡なんて遠いのにみんな応援に来てくれてありがとう。勉強では志望校のレベルをすごい上げちゃったけど全力で応援してくれてあり

がとう。結局，合格できなかったけど，どこの高校でも自分なりに頑張りたいです。良かったらまた卓球の試合見に来てね。（藤本君）

3つめは例文としては向かないかもしれないが，今年，山路さんのクラスでもっともやんちゃなグループの一人であった山口君の感謝の手紙である。

親愛なる母へ
　Dear Mama
　いつも心配かけてごめんね

3年間すごく事故ったけど，○○〔料理の専門学校〕に行ったら事故らないようにするから。あといつまでも優しい母でいてください。いままでありがとう，そしてよろしく。　　　（山口君）

普段の山口君の様子を知っているボクとしては，こんな手紙を見ると，じーんとしてしまう。

義務教育終了，中学卒業という節目に当たって，親への気持ちを形にしておくことはとても良いことだと思う。

「親へ贈る手紙」の作り方

＊田辺守男「子どもが親に感謝の手紙を書くとき」『たのしい授業』No.164，より抄録。詳しくは田辺さんの記事もご覧ください。

〔1人分の材料〕
・板目表紙（39.6cm×27.4cmのものを半分に切って使う）
・板締染色用和紙（墨運堂，B4・100枚組840円）
・手紙を書く紙（B5の色上質紙にケイ線を印刷したもの）

〔道具〕
ハサミ，のり，木工用ボンド，折り染め染料，定規，カッター。

〔作り方〕
　次ページの下書き用紙を配り，手紙を書く。事前にクラスで文例を読んでおくと良いです。下書きが書けたら色上質紙に清書し，台紙に貼る。台紙の作り方については157ペのマンガを参照。

お世話になった自分の親（お父さん・お母さん）に手紙を書こう！

▶中学3年生を持つ親は，この1年間，とても大変だったと思います。特に進路の事を中心にして，いろいろと相談にのってもらったり，時にはケンカしたりしたこともあったと思います。でも，現在，君たちがこの場にいられるということは，他ならぬ自分の親のおかげです。

▶1人の子どもを15年間育てていくということは，並大抵のことではありません。小さい頃（赤ちゃんの頃）から今まで，いろいろな苦労があったことでしょう。卒業を前にして，親に「子育てで，どんなことが苦労だった？ どんなことが楽しかった？」と，改めて聞いてみると良いと思います。とても良い機会です。

▶「親に感謝する」といっても，毎日顔を合わせている親にあらたまって「ありがとう」というのはなかなか恥ずかしいものです。そこで，手紙で感謝の気持ちを表しましょう。その手紙を読んだ親は，きっと子育ての苦労を思い出し，涙を流すことでしょう。

　もしかすると事情があって感謝する気持ちになれない人もいるかもしれません。そんな時は「将来への決意や抱負」でも大丈夫です。

＊

　さて，それでは何を書けば良いのか？　というと……
　　ア．苦労をかけたこと，困らせたことを具体的に思い出して書く。
　　イ．特に中学3年間（さらには中3の進路のこと）で相談にのってくれたこと，苦労をかけたことを書く。
　　ウ．今まで親にしてもらったうれしかったこと，元気づけられた言葉など。
　　エ．これからの決意など。

PS：この手紙は長く書くことがとても重要です。そうすれば，自分の思いがたくさん伝わります（ラブレターも長い方がいいです）。卒業式当日，親が涙を流すことを思い浮かべて，全力で書いてください。

_____へ　感謝の手紙（下書き用）
　　　　　　　　　　　　　　　　　3　年　　組_____
_____
_____　　　　　　　　　　　　　　　　　　　_____
_____　　　＊実際にはこのスペースを広くとる。　_____
_____

(初出 No.375, 11・2)
最高の思い出を手紙にして
●2年間の感謝の気持ちを手紙に込めて

伴野太一 東京・小学校

●ありがとうの気持ちを伝えたい

　教師になって初めての1年生,2年生。ドキドキワクワクいっぱいで始まった低学年でした。初めのうちから毎日がハプニングに満ちていて,それをたくさんの資料に書きました。もちろん仮説実験授業も10本以上やり,毎日が本当にたのしい学校でした。

　そしてこの春,かわいい子どもたちと,そして親切にいつも支えてくれたおうちの人とのお別れがやってきました。3月に入ってからは,さみしくて,毎日毎日時間がすぎるのがあっという間でした。

　この2年間で勉強したことは山ほどあり,私自身も2年前より少し大きくなれました。だから,心から「ありがとう」,そう子どもたちにも,おうちの人にも言いたい気分でいっぱいです。

　そんな時,サークルの資料を整理していたら,佐竹重泰さんの「〈ありがとう〉という気持ちを伝えたい」という,『たのしい授業』

にも載った文章を見つけました（佐竹重泰「〈ありがとう〉という気持ちを伝えたい」『学級担任ハンドブック』仮説社）。

　それは「佐竹さんがもった初めての卒業生に向けた最後の手紙」という内容でした。言葉で伝えるのもいいけれど，こうして「手紙」という形で「ありがとうの気持ち」を贈るのもいいな〜，だって言いたいことを忘れずに言えるし，手紙を読むほうが，ハズカシさがないかな？　と思い，さっそくそれをマネしながら（本当に，ほとんどマネしながら），「２年３組のみんなへ」という感謝の気持ちを手紙にしました。

　２年３組のみんなへ

さようなら　２年３組のみんな

伴野太一

　いよいよあと２日で２年生もおわりですね。あっという間の２年間でした。みんなと出会うことができて，伴野先生はとてもよかったです。２年３組の担任の先生でよかったな，と思いました。

　伴野先生は，みんなと出会ってから今まで，みんなに楽しく学校に来てほしいということをいつも目標にして，２年間をすごしてきました。そこで，「ものづくり」をしたり「ゲーム」をしたりしてきたのですが，やっぱり一番はみんなに楽しんでもらえるような「授業」がしたいと思って「科学の授業」をしてきたのですが，どうだったのでしょうか。

　《空気と水》《自由電子が見えたなら》《ふしぎな石じしゃく》

《水の表面》《空気の重さ》《にている親子にてない親子》《もしも原子が見えたなら》《タネと発芽》《せぼねのある動物たち》《足はなんぼん》《生類憐みの令》《ものとその重さ》。

　これらの授業のうちどれかが，みんなの心の中に残っていたらとてもうれしいです。もしも，特に心に残っている授業があれば教えてください。

　先生はこれらの授業の中でみんなに，「あー，こういう考え方もあるのか」とか「あの人の考えることはスゴイな」「おぉ，ふだんはあまり手をあげて発表しない○○さんががんばっているじゃないか」なんて，〈友だちのスバラシサ〉を発見してくれたり，「おっ，ぼくの考えもなかなかいいみたいだぞ」「あっ，私のいけんで○○さんが予想を変更した」と〈自分のスバラシサ〉を発見してくれたり，「科学ってたのしいな」と思ってくれたらいいな，と思ってやってきました。

　だから，授業のおわりにみんなが書いてくれた「感想文」を読んだときに，「たのしかった」とか，「勉強になった」とか書いてあった時には，すごーくうれしかったし，本当に「ありがとう」という気持ちでいっぱいでした。

　みんなはこの授業の中で，大人もまちがえるような問題をといたり，説明したりしてくれました。そういうみんなを見て，伴野先生は本当にびっくりしたし，「子どもってスバラシイじゃないか‼」と思いました。なぜなら，その中には伴野先生が思いもつかなかった考えがあったり，むかしの科学者の考えと同じものがたくさんあったからです。

　それに，そういうことは発表したり，意見を言っている人だ

けでなくて，授業中は何も言っていない人も，感想文を見ると書いてあったりして，とても驚きました。

　そんなみんなの，授業にたいする反応や，感想文にはげまされて，伴野先生は２年間，自分らしく「先生」というお仕事をやってこれたのです。もしみんなが応援してくれなければ，こんなに楽しい２年間にはならなかったと思います。本当にありがとう。

　みんなもきっとこれからの人生で，色々なむずかしい問題に出会い，そして悩むと思います。そんなとき，世の中やまわりの人にふりまわされて，自分らしさをなくさないでください。そして，そんな時こそ「科学の授業」を思い出してみてください。

　どんなにむずかしい問題に出会っても，落ち着いて予想を立てましょう。うまくいかなかったら，予想を変更しましょう。そして実験で，たしかめましょう。

　勉強をなぜするのか。それは，そのようにして自分自身で未来を作ることのできる人間になるためです。ぜひ，自分でたのしい人生をつくってください。

　２年間のみんなとのおつきあいも，あと２日でおわりです。これで，みんなのいる２年３組の教室に「おはよう」と言って来ることができないのかと思うと，とてもさびしいです。

そして，手紙の最後にこんなお願いをして，簡単な便箋をつくってはさんでおいたのです（これも佐竹さんのマネですが……）。

伴野先生からの最後のおねがいがあります。もしできたら最後の日までに「さようなら伴野先生」という題で，この手紙のお返事をください。伴野先生にとって初めての１，２年生だったみんなの思い出を，手紙にして宝物にしたいのです。お願いします。
　２年間，本当にありがとう。そして，さようなら。

＊子どもたちに渡したプリントは，大部分の漢字をひらがなにしてあります。

●子どもたちの前で読む

　佐竹さんの資料では，「これを子どもたちの前で読むといい」そう書いてありました。そこで私も子どもたちに向かって自分で読もうと思い，この手紙を配りました。みんなわいわい言いながらいつもと同じようにプリントを配ります。ところが……私は読み始めてすぐに，言葉がつまってしまいました。悲しくて，涙がこみ上げてきたのです。ほとんど佐竹さんの文をマネしただけなのに（笑）。でも，そこに書かれていたのはまぎれもなく私の気持ちそのものだったのです。

　するとどうでしょう。そんな様子を見ていた子どもたちの中からも，涙をすする音が聞こえてきたのです。クラスで１番小さくて，とっても笑顔がかわいいななちゃんは，もう涙でいっぱいになって声を出して泣いていました。この２年間，たくさんの手紙と手作りのプレゼントをくれたひさのちゃんもウエンウエン泣いています。そしてクラスで一番のえばりんぼうのわがままえいき君は，ふいてもふいても出てくる涙を必死に隠しながら「この手紙おもしれ〜，おもしろくて涙が出てきた‼」と周りの男の子た

ちにこれ以上ないほどヘタクソなウソをついて（笑）必死で平静を装っていました。本当は一番気が弱くて, やさしい気持ちを持っていたえいき君らしいな～。

　子どもたちのそんな様子を横に見ながら, もう終わりの方は声にならないくらいの泣き声で読みました。もうこのまま卒業するんじゃないか？　ってくらいの空気でした……。

●子どもたちからの手紙
　読み終わると, 何人もの子が声にだして言いました。
「オレ, 今日おうち帰ってぜって～すぐ手紙書く‼」
「私, 学童で書く～‼」
「いっぱい書こっ‼」
　担任同様（？）作文をあれだけ嫌がっていた子どもたちも, みんな次々に「オレいっぱい書く」なんて言ってくれるのです。そして翌日, 本当に紙いっぱいに一生懸命書いた手紙, 手紙, 手紙……なんとクラス全員の子が持ってきたのです。
　では, ここでそんな子どもたちの手紙をいくつか紹介したいと思います。

　２年間ありがとうございました。ばんの先生が一年二年の先生でよかったです。いままで一番楽しかったのはいろいろな科学のじゅぎょうです。なのでぼくはしょうらい科学者になりたいと思います。ほんとうになれたら少しでもばんの先生がおしえてくれたことを役立てたいと思います。本当にありがとうございました。
（ゆうきくん）

1・2年生の間ありがとうございました。ぼくはばんの先生がぼくのたんにんの先生でほんとうによかったと思っています。どうしてかというと，よくあそんでくれるし，科学のべん強をやってくれるし，じゅぎょうもわかりやすいし，おもしろいし，明るいし，かっこいいからです。

　はなれるのはさみしいけれど，学校でまたいっしょにサッカーをやってください。妹のたんにんの先生になれたらいいと思っています。ぼくのことをわすれないでください。ぼくがばんの先生の近くにいたら話しかけてください。おねがいします。

（たくまくん）

　みんな科学の授業，つまり仮説実験授業のことを書いてくれていました。字もとっても上手に書いてくれて，ゆうき君なんてクラスで一番字がきたないのに（笑）気持ちをこめて本当にきれいな心のこもった字を書いてくれました。〈文章を書くということ〉は〈自分の気持ちを伝えること〉，本当に伝えたいから文章は書けるのだと，子どもたちの手紙を見て思いました。

●お母さんからも手紙が

　手紙をくれたのは子どもたちだけではありませんでした。「かわら版」（学級通信）最終号に「よかったら子どもたちの手紙に一言いただけるとうれしいです」とちょこんと書いておいたら，こちらの予想をはるかに上回るくらいの方からメッセージをいただけたのです。それに，わざわざ封筒に入れた手紙を12通もいただきました。

「授業のプリントを見て感動していました」

　２年間ありがとうございました。

　DVDとても素晴らしかったですよ〜（＾＾）

　とてもいい記念になりました。ありがとうございました。

　このまま，卒業してもいいくらいです（アハハ）

　たくまにとっても，とても良い思い出になりました。それから水分子キーホルダー大切にします。

　「もしも原子が見えたなら」の授業は，私たち大人にもとても刺激になりました。私は理科の授業は大の苦手でしたが，たくまのプリントを見て，とてもおもしろく，感動しました。子どもと一緒に共感できて本当に良かったです。

　伴野先生もこれから教育者として，素敵な先生になってくださいね。陰ながら応援していますよ！　がんばってください。

　PS. 素敵なパパになってくださいね。ありがとうございました。

（たくまくんのお母さん）

「いつまでも忘れられない先生です」

　子どもたちのたくさんの笑顔，思い出のつまった素敵な DVD ありがとうございました。先生がたくさんの写真を撮ってくださっていたことに驚くとともに，子どもたちへの愛情を感じ，〈思い出のアルバム〉を見ながら感涙してしまいました。

　入学前，これから６年間（勉強面の不安以上に）毎日元気に楽しく登校できるのか，とても心配でした。ですが，すずは入学式当日には伴野先生大好き，学校は楽しいところになっていました。

　この２年間，毎日笑顔で登校できたこと，学校での楽しい話が

聞けたこと（先生の話もたくさんしてくれました），他の何よりも安心することができました。

　学習面でも，先生ならではの工夫いっぱいの授業（宿題も）楽しかったようです。なかでも〈科学の授業〉，特に「分子」や「生類……」はすずも大好きで，時には私も知らないようなことをすずに教えられてびっくりしたこともありました。

　この2年3組はすずにとって本当に楽しい大好きなクラス，先生だったようです。私にもいつまでも思い出に残っている忘れられない先生がいますが，すずにとって伴野先生は〈いつまでも忘れられない先生〉になると思います。2年間ありがとうございました。これからも伴野先生らしいスタイルで，頑張ってください。
（すずかちゃんのお母さん）

　おうちの方の中にも，仮説実験授業のことを書いてくれた方がたくさんいました。そんなおうちの方からのたくさんの手紙を読みながら思ったことが二つありました。

　まず一つ目。1年生の担任になった最初の時，「1年生の親は教科書の授業をちゃんとやってるかいつもチェックしてるから3組とも合わせていきましょう」と学年を組んでいた先生に言われ，毎週時間数を確認し，教科書の進度まで打ち合わせをしていました。そんな状態だったので，「自分だけ仮説実験授業をやったら気まずいかな……？」と初めはちょっとビビっていました。でも手紙を読んで，「おうちの方は仮説実験授業をとても受け入れてくれていたんだな〜，ありがたいな〜，うれしいな〜」と思いました。

二つ目，なぜおうちの人はたのしい授業をこんなにも受け入れてくれたのだろう？と考えて，これはやっぱり「〈子どもたちの笑顔〉が親と教師をつなぐ一番のものなんだな〜」と思いました。そういえば，最近ようやく初任の頃に比べておうちの人が怖くなくなってきました。それは，仮説実験授業をすることによって，おうちの人とも〈子どもたちの笑顔〉でつながっていけることを実感しているからだと思うのです。

●最高の思い出を手に新しい出会いへ

　2年3組の子どもたちとおうちの方から，たくさんの手紙（宝物）をもらってから2週間，私の目の前には新しい子どもたち……5年1組の子どもたちがいます。そして新しいおうちの人も。

　今はまだお互いよくわからなくて，どこかぎこちない緊張があります。イヤだな〜高学年……。かわいかったな〜低学年……。そんなことを春休みは思っていましたが，いざ始まってみると，「そんな高学年の子どもたちともたのしい授業でステキな出会いをやっぱりしてみたい。そしてまた新しい勉強ができるかもしれない」——そう予想を立てています。なぜなら最高の思い出（手紙）があるから。

　新しい出会いのとき，〈最高の思い出〉はときに邪魔になることも……。でもそれはたのしい未来を予想するヒントにもなりそうです。

　子どもたちの笑顔を大切にして，自分らしさを見失わず……。1年後には，私もまた少し成長していたいです。

(初出 No.250-251, 02・3-4)
ラクなのにグーな 定番学級通信
●クラスのスタートの時期に

小原茂巳 東京・中学校（当時）
中　一夫 編 東京・中学校

●「何号出したか」が問題じゃない──中　一夫

〈学級通信〉というと，「何号出したか」ということがよく話題になります。実際，毎日のように出してる先生もいますよね。そういう話を聞いたりすると，ドキッとする人が多いんじゃないでしょうか。「とても自分にはできない」と，かえって学級通信を出すことを敬遠する人もいるでしょう。また，「自分は文章が書けないから，通信は出せない」と思い込んでいる人もいるでしょう。

けれども，そもそも「学級通信を出さなければならない」なんてことはないはずです。むしろ，「たくさん出す」「自分が書く」ということなどよりもっと大事なのは，「自分がたのしくやれているか」ということじゃないでしょうか。

僕が毎年，学級通信を出しているのも，僕自身が子どもたちの前で通信を読むのが好きだし，子どもたちや保護者からも喜ばれていると思えるからです。特に，学級通信を配って僕が読み上げる時，「あー，学級通信が出た。これ，たのしみなんだなー」なんてつぶやきが聞こえてきたりすると，うれしくなってしまいます。そういえば，クラスで1年間の感想を聞くと，毎年必ず「学級通信がおもしろかった」と書いてくれる子がいます。

●ラクなのに評判が良い小原式「定番通信」

　さて，僕は毎年，年間20号前後の学級通信を出していますが，「苦労して出している」という感じはまったくありません。そんなことを言うと，「それは文章を書き慣れているからだろう」と思う人がいるかもしれませんが，そうではありません。

　じつは，僕の出す通信は，だいたい毎年同じ内容のものなのです。そう，「毎年,同じものを出す」＝〈定番通信〉が多いのです。評判の良かったものを，次の年も出しているうちに，「定番通信」の割合がかなり高くなってしまったのです。特に，最初の方で出す7号分の通信は，毎年同じです。

　ですから，毎回「何を出そうか？」と悩むより，「そうそう，あの号はまだ紹介してなかったっけ」と紹介するわけです。しかも，そこには僕自身の文章以外に，他の人の書いた文（多くは小原茂巳さんのもの）をそのまま紹介することが多いのです。

　じつは，この「定番通信」という画期的な考え方そのものが小原さんの発明なのです。「僕は毎年，最初の5号くらいの通信はまったく同じなの。同じものを紹介するんだ」という小原さんの

やり方を,形だけでなく,何号かは,小原さんの了承を得て,その文章をまるごと流用させていただいています。

 そういうふうに,「定番としてこの通信を出す」と決まっていると,労力的にもラクです。しかも,「評価が良かったから定番にした」わけですから,気分的にもラクです。

 ただし,クラスに持ち上がりの子どもがいる場合,前とまったく同じだと気になります。そこで,最初の部分に新しいクラスのことを書き加えたり,「昨年と同じ通信ですが,同じ気持ちを伝えたいと思い,そのまま紹介します」と,一言添えたりしています(こういう配慮も小原さんの通信を参考にさせていただきました)。

 じつは,小原さんに習ってこのような「定番通信」を出している人は,小原さんと僕が主催する(02年当時)「たのしい教師入門サークル*」ではかなりの数に上っています。

*たのしい教師入門サークル……東京・昭島で毎月第3土曜日に開催されているサークル。現在のサークル主催者は,小原茂巳さんと田辺守男さん。「たのしい授業」や「仮説実験授業」に関する資料発表や情報交換,教師の悩み相談などが行われている。参加ご希望の方は,下記のアドレスまで。
 小原茂巳 ☎ 090-9807-7577 ／ obarabao5@tulip.sannet.ne.jp
 田辺守男 ☎ 090-9817-1401

 そこで今回,改めて小原さんの了解を得て,〈定番学級通信〉というアイデアや,年度始めの頃に実際に出している定番学級通信を紹介することにしました(「出会いの通信」は,小原さんの通信の原文をそのまま掲載)。

■年度始めの定番通信
 ①「出会いの通信」──小原茂巳版

② 「中先生って、どんな人？」
③ 「アクロスティックで自己紹介」
④ 「中先生の中学時代」
⑤ 「いじめられるということ*」
⑥ 「いじめるということ*」
⑦ 「カンニング」

〔本書には*印を除く5号分を収録〕

〜 解説 〜

①「出会いの通信」（小原茂巳版）

　初めての学活で読む通信です。新しいクラスの子どもたちと初めて会う時，何を話そうかと迷うものですが，僕（＝中）はこの「通信」があるおかげで，まったく悩みません。この通信が，担任から子どもたちへの初めてのメッセージとなっているので，読み上げるだけでいいのです。「お互いいい出会いにしたいね。いまから・ここから，一緒にスタートしようね」ということを伝えているところには，毎年「小原さんの配慮が行き届いている」と感心します。

②「中先生って，どんな人？」

　前半，アクロススティックで自己紹介するアイデアは，小原さんの通信をマネし，後半は小川 洋さんの「あたらしく○○先生のクラスになる人たちへ」（『最初の授業カタログ』仮説社）をもとにしました。

　小川さんは，学期の最後に，受けもった子どもたちに「担任

紹介」の文章を書いてもらって，次に担任したクラスで使うそうです。小川さんは子どもたちに，こんなふうに頼んでいます。

> ……「小川先生ってこんなひとだよ」っての，簡単でいいから書いてくんないかな。みんなが書いてくれたものを始業式の日に新しいクラスで読みたいんだよ。それでさ，「だいじょうぶ，こわくないよ」だけだと信用してもらえないから，具体的に「こんなところがとてもいい」とか，「こういうことだけはウルサイ」とか，「これを守れば，あとは安心してもいいよ」っていうふうに書いてくれると助かりますよ。題は「はじめて小川先生のクラスになる人たちへ」としてください。
> 　　　　　（「あたらしく○○先生のクラスになる人たちへ」より）

　僕は，「これはいい！」とすぐに飛びつきました。そして，子どもたちに書いてもらって作ったのが，この通信です。それ以来，もう10年近く毎年使っています。けど，今の姿とちょっとずつずれてきてるので，そろそろ作り変えが必要かも……。

　なお，「アクロスティックで自己紹介」に関しては，発案者である野村晶子さんの記事（『たのしい授業プラン国語1』仮説社）も参照してください。

③「アクロスティックで自己紹介」

　子どもが書いたアクロスティックの紹介文を入れるという小原さんのアイデアを参考にして作成しています。これは毎年作りかえますが，形式はいつも同じです。子どもには最初の方の学活に自己紹介文を書いてもらっています。僕が紹介するのは，書いてもらったものの1/3から半分くらいの作品です。

④「中先生の中学時代」

　僕の中学のころの思い出を紹介したもので，「中１時代」「中２時代」「中３時代」の３号分があります。担任した学年の号を先に出して，残りはもうちょっと後で出しています（本書には「中１時代」のみ収録）。

　小原茂巳さんが「少年時代」をつづった文章（『僕のたのしい生き方入門』ほのぼの出版，現在品切れ）をヒントに，自分の思い出を書きました。小原さんは通信には使っていませんが，僕は定番にしています。この通信を読むたび，「ああ，僕の中学時代も，いま教えている子どもたちと同じだなー」と改めて思い，ちょぴりケンキョな気持ちになったりもするのです。

　自分の過去の話など，なかなか書きにくいものですが，思い出すエピソードを，一つでいいですから書いてみてはいかがでしょう？　きっと自分にとってもいろんな発見があると思いますよ。恥ずかしいとも思うのですが，担任の先生の話って，すごく視聴率が高いです。

⑤「いじめられるということ*」／⑥「いじめるということ*」

　僕は，「いじめ」のあるなしに関わらず，早い時期に小原さんが書かれた「いじめられるということ」「いじめるということ」を紹介しています。まず，「いじめられるということ」を紹介し，その後に「いじめるということ」を出します。いつも土橋君の文の迫力にジーンとしながら読んでいます。説教という感じじゃなく，いじめとか自分について自然に考える雰囲気になるのが好きです。

＊この2つの文章は，2014年に仮説社から刊行された小原茂巳さんの単行本『いじめられるということ』の中に収録されています。小原さんのユニークないじめ対策や，土橋君とのその後のエピソードなどとあわせて紹介されていますので，ぜひそちらをご覧ください。

なお，小原さんの「授業通信」に関わる記事は，他にも以下のようなものがあります。
・「僕の〈授業通信〉作法」(『たのしい授業』No.14, 仮説社)
・「学校からの〈たより〉」(『たのしい教師入門』小原著，仮説社)
・「〈科学かわら版〉の試み」(『授業を楽しむ子どもたち』小原著，仮説社)

⑦「カンニング」

　最初の定期テストの前に必ず紹介することに決めています。僕の恥ずかしい失敗の話ですが，「テストの受け方の指導」などの細かい話よりも，いつもずっといい感じがします。

＊＊＊

〔次ぺより実際に発行している学級通信を掲載〕

① 「出会い」の通信

新しいスタート！ いい出会いにしましょうね。

> はじめまして！
> 小原茂巳（おばらしげみ）です。

お っちょこちょいで
ば かな所は誰にでもあるよ
ら くにいこうよ！
し あわせもとめて
げ んきに
み んな 笑顔！

■ 1950年4月23日，東北・宮城県に生まれる。5人兄弟の末っ子。
■ 1975年，東京にて中学の教師になる。葛飾区→板橋区→豊島区→昭島市→立川市
■ 現在，○○学校，○年○組担任。教科は理科。

この出会い，大切にしようね！
「出会いは偶然，だけどちょっぴり 運命のにおい…」

これは，長谷川きよしという盲目の歌手の歌の一フレーズです。ボクは人との出会いがあるたびに，このフレーズを思い出しては，「うんっ，この出会いも大切にしたーい！」と自分に言い聞かせています。

今日，君たちとのこの出会いも，偶然の出会い。

そして，このクラスの「あんた」と「アナタ」，「彼」と「彼女」だって，まったく偶然の出会い――でも，何かちょっぴり運命のにおい……この出会い――お互い，大切にしましょうね。

自分のスバラシサを発見してほしい!

「イイ出会いをしてほしい」

——それは,なにも〈新しい友〉との出会いだけをさすわけではありません。〈新しい自分〉との出会いもしてほしいのです。つまり,〈自分のイイ所〉をより多く見つけてほしいのです。そのお手伝いをするのが,この僕(教師)の役割だと思っています。

たとえば,授業でのお手伝い——できるだけ生徒にとって「たのしい授業」であるようにしますので,どうぞみなさんもいっぱいハリキッてくださいね。

〈自分のスバラシサの発見〉と〈他人(友だち)のスバラシサの発見〉——うんっ,できたらいーっぱいしてほしいです。

知らない関係——シメタ!

僕と君,そして君とアナタは,今,出会ったばかり。
「う〜ん,この人どういう人なんだろう?」

「お互いが これまでのことを ほとんど知らない」

これはある意味では,とっても都合のいいことなのです。ステキなことでもあるのです。

「自分の欠点,自分のイヤな所などを,この人は知らない」
——と思うと,まずはホッとするじゃないですか。

そして,次に「よしっ,この出会いを機会に,自分のイイ所をもっと伸ばしちゃおうかな。そして,イヤな所とはオサラバしちゃおうかな」と,まわりにきがねなく決意できるのです。

そうっ，今がチャンス！〈新しい自分との出会い〉のチャンスでもあるのです。

　人間，誰だってヘマをします。誰だって，ついツッパってしまうことがあります。僕だって，40代になった今も，ヘマをしたりツッパってしまったり……，我ながら「困った奴」だと思っています。

　こんな僕──だから，いつもチャンスをねらっているのです。〈新しい自分（今日よりちょっぴりマシな自分）との出会い〉のチャンスをねらっているのです。そうっ，今がチャンス！

　お互い知らない関係──シメタ！ですね。

今から，ここから！

　新しいクラス，いかがですか？
　知らない人の顔がい〜っぱい。
　「おっ，いろんな奴がいる。おもしろそうだ」と，新しい出会いに，胸ワクワクさせている人もいれば，反対に「あ〜あ，仲良しの○○ちゃんと別のクラスになっちゃった。つまんないの……」「知らない奴ばっかり……。さみしいな……」などと，不安と不満の気持ちいっぱいの人もいるんじゃないかな。アナタはどっちかな？
　もし，「つまんない」「さみしい」と思っているのでしたら，次の僕からのお願い，聞いてほしいんだけどな。

　今日から，僕と君たちみんなで，新しいクラスのスタート。これからの1年間──たのしい日々にしたいですね。
　そこで，お願い。「つまんない」「さみしい」というグチは，できたら〈今日だけ〉にしてください。それも，クラスのみんながいない所で〈コッソリ〉ね。そうでないと，今日から一緒にスタートする人に

失礼というものです。言われた方はイヤーな気持ちになります。

〈今から，ここから！〉——お互い，たのしい1年間にしたい。そこで，できたら，気持ち良いスタートにしたいのです。よろしくね。

お互いのイイ所，今からいっぱい見つけっこしていこうね。

保護者のみなさんへ

「子どもたちが自分のスバラシサを発見して，自信と意欲を持つようになる」——これって，親と教師の共通の願いではないでしょうか？

この共通の願いのところで，教師と親は，しっかりと手をつなげると思うのですが，いかがでしょう。教師は〈学校〉で，親は〈家庭〉で，そのお手伝いをする。〈子どもたちの笑顔〉を楽しみにして，親と教師が連帯を組む。

そんなイイ出会いを，僕はこのクラスのお母さん，お父さん方ともしてみたいのです。どうぞよろしくお願いいたします。

この通信の内容は，昨年度とほぼ同じものです。いつも同じ気持だからです。ぼくは，出会いをいつも大切にしたいのです。

(担任・小原茂巳)

＝＝＝＝＝＝＝＝＝＝＝＝＝＝＝＝＝＝＝＝＝＝＝＝＝＝＝

〔中 一夫〕僕がこの通信を使わせてもらうときは，最初のアクロスティックの自己紹介部分は次号にまわし，経歴を変更して，さらに学級全員の名簿を加えています。そして，最後に次のような文を添えています。

＝＝＝＝＝＝＝＝＝＝＝＝＝＝＝＝＝＝＝＝＝＝＝＝＝＝＝

——この通信は，友人の小原茂巳さんの書かれたもので，内容はいまのボクの気持ちとも一緒。この出会いの時にピッタリな文を，最初の学級通信としてみなさんに贈ります。

このクラスへようこそ！

② 「中先生って,どんな人?」

アクロスティックで自己紹介

新しい3年2組の仲間に向かって自己紹介。

中　一夫

な かよくいこうよこの一年　　　（特徴）
か っこよくとはいかなくても,　・白髪が多い
か んどーすることや,　　　　　・朝学活で詩を読む
ず ーっとあとまで残るような　　・目はよくない
お もい出いっぱい作ろうね。　　・理科の授業が大好き

（家族の紹介）
久美子（？才）……奥さん。背が高くてやさしい。宮城県出身。
太郎（11才）……「今年はテニスをがんばる」が目標の小学5年生。
花子（9才）……マンガ家志望で,明るくたくましい小学4年生。
桃子（6才）……運動大好き,ピカピカの小学1年生。

「なか かずお」の自己紹介にあるように,文の先頭の文字をつなげると別の言葉になる文を,「アクロスティック」といいます。『不思議の国のアリス』の著者・ルイス＝キャロルがよくこの方法で文を書いていました。

あなたも,新しい仲間（3年2組の仲間）に向かって,「アクロスティック」で自己紹介してみませんか。この時間,別の用紙に書いてみてくださいね。この通信でもいくつか紹介できたらと思っています。

はじめて中先生のクラスになる人へ

 さて、こんなボクは一体どういう担任、どういう人なんでしょう？ 自分で「こんな人です」なんて言うより、みんなに紹介してもらった方が本当の姿に近いでしょうかね。そう思って、以前に担任していた1年生のみんなにお別れのころ、こんな文を書いてもらいました。題して、「はじめて中先生のクラスになる人へ」。その文でボクの紹介をしていきましょう。

★中先生はおもしろい先生です。理科を教えていて、いつも授業を楽しくするための工夫をしているえらい人です。ちょっと見ると、しらがが多くてふけているように見えますが、これでも一応30代だったりします。いつでも明るく元気ですが、怒るときはマジで怒るので、そこは要注意！ そうじ関係のことになぜか厳しく、ゴミが一つでも落ちてるとしつこくやりなおさせたりもします。自信があるように見えても、案外気が弱かったりもするので、みなさん、お手やわらかにしてやってくださいね。(Y.Ｉさん)

＝＝＝＝＝＝＝＝＝＝＝＝＝＝＝＝＝＝＝＝＝＝＝＝＝＝

〔中 一夫〕実際の通信には、他にもいくつか紹介しますが、ここでは省略。

＝＝＝＝＝＝＝＝＝＝＝＝＝＝＝＝＝＝＝＝＝＝＝＝＝＝

 ……ということで、お手やわらかにね。ちなみに、今は40才です〔00年当時〕。

 なにせ7年以上前に書いてもらった「中先生の紹介」ですから、今とは多少違っているかもしれません。けれども、「大幅に変わってしまっている」ということはないでしょう。なんとなく、担任のボクのこと、分かってきましたか？

③「アクロスティックで自己紹介」

　新しいクラスがスタート。委員や係も決まりました。立候補が多く，希望がかなわない人もいました。みんなのやる気をとてもうれしく思っています。

　さすが３年生，ボクがあれこれ言わなくても，どんどん意欲的にすすめてくれている姿を頼もしく思います。いやがらずにいろいろ引き受けてくれて，とっても気持ちがいいです。みんないい形でスタートをきってくれてるようですね。

　さて，今回は，先日書いてもらった「アクロスティックの自己紹介」と，クラスのみんなへのメッセージを紹介していきましょう。なかなか難しかったようで，最後まで悩んでいる人もけっこういました。全員分紹介できなくてごめんね。〔＊本書では以下の２名の紹介〕

●皇甫陽子さん	●瀧澤　優さん
こ よなく SPEED を愛してます	**た** のしいクラスに
う っかり，ケガが多いです	**き** っとなるさ
ほ んもたまに読みますよ	**ざ** わめいてもいいさ
よ るに行動，大好きです	**わ** かんないことがあってもいいさ
う んどうが大の苦手です	**ゆ** かいにたのしく
こ れから一年よろしくね	**う** たおーよ！
●好きなタレント：① SPEED ② kinki, jiro, ニノ／③あゆ ●なぜかすきなもの：①エジプト文明／②洗剤／③深夜に行動すること。「よろしくね」	●好きなタレント：① 鈴木あみ ② ゆず／③ DA PUMP (YUKINARI) 「たのしいなかのよいクラスにしたいです」

　さすがに３年生ともなると，「うまい！」と思わずうなってしまう作品が多いですね。どれが一番うまい？

④「中先生の中学時代——中1編」

　毎年恒例にしているのですが，この学級通信で，ボク自身の「中学時代」（もう20年以上前のことになる!?）を紹介しましょう。ボクだってみんなと同じ「中学生」だった時があるわけです。みんなとぜんぜん違うのかな？　それとも同じかな？　恥ずかしいですが，まずは読んでみてください。

〔略歴〕
　　1960. 4. 2　　鳥取県米子市に生まれる。
　　1973. 4　　　米子市立第四中学校に入学。

ボロい木造校舎

　中学校は床がミシミシいった。サンダルばきなのが目新しく，購買（学校の中にあるお店）で物を売っているのにカンドーした。しょっちゅう，「何か新しいものがないか？」とのぞいたが，学校の購買に新しいものがそんなにしょっちゅうありっこなかった。

剣道部に入部

　だれにどう誘われたか，サッパリ覚えてないが，剣道部に入部。1つ上のセンパイにコワイ人がいて，よくしごかれた。トレーニングといっては，いつも5人（新入部員）くらいの仲間どうしが競わされて，一番悪かった者は，倍，いろいろやらされた。マラソンなどで競わされることが多く，一番体力のない子が特にイジメられてた。「ガンバ

レ！」なんて声をかけつつ，内心，「あいつがいるからオレは大丈夫だな」と思ってホッとしてた。競わされて，それをもとにバツが加わると，こんなことしか考えなくなる。

地震体験

剣道部でドモリの背の高い男の子と友だちになって，時々，その子の家で遊ぶ。庭に鉄棒があるのが驚きだった。

ある日，その子のところの鉄棒で遊んでいたら，地面が揺れた。「初めて体験する地震かも……」と思った。2人でコーフンした。「今，ゆれたよな！」「そうだ，地震かも！」と，コーフンしながら家に飛び込んでテレビをつける。しばらく見てたら，「地震があった」と画面の下に字が出てきて，感激する。

次の日，学校では「すげー，がいにゆれたなー」（＝すごく大きくゆれたね）と，話がもちきり。米子では地震がほとんどない。その時の地震は震度3。20才で東京に出てくるまで，その時の地震が一番。

あこがれの先生

アル中で飲んだくれてて，日中も酒くさい先生がいた。それだけで有名人だった。何かちょっと変わった人にはあこがれがあった。

母親の思いやり

最初のテストの時，何かキンチョーした。テスト前一週間も部活な

どが休みになるなんて新鮮だったし，それなりに盛り上がるものがあった。「やっぱり学校も変わったし，これからガンバロウ！」という気が強かったので，けっこうガンバッタ。

　いつもは夜8時くらいに帰ってくる母が，わりと早く（日が沈まないうちに）帰ってきてくれて，机に座っているボクをよく買物に連れ出してくれた。「気分転換よ！」とか言って。今，思うと，母はエライと思う。気を使ってくれていたのがわかった。

友だち

　冬にみんなで廊下でボールを投げたり，プロレスやったりしてたら，ガラスを割った。ガラスといっても，1枚70円。さわっただけで落ちちゃうようなやつ（だいたい木造校舎で，すべてがボロかった）。

　十数人で遊んでたんだけど，割ったボクと，ボクを押した友だちと2人で職員室にあやまりにいく。みんなには「オレたちだけでいいから」と，ちょっとカッコイイ気分。

　先生に，「僕たちが割りました」っていって謝って，それで許されそうになった時に，残りの連中が「ボクたちも一緒でした」といって職員室に入ってくる。前のボクらの話がウソだとバレる。努力がパー。

　それから，全員で廊下に正座させられてしかられた。「みんなのバカ！　せっかくうまくいってたのに！」と思うと同時に，うれしかった。「みんなと正座」っていうのは，なにかうれしいものがあった。別に隠せるのに，わざわざ言いにきたみんなのことを「いいヤツらだ」って思った。

カンチョウとやけど

　同じく冬，カンチョウ（指を相手の肛門に突っ込むという，かなり情けなくもキビシイ遊び）がはやる。同じ剣道部の同級生がストーブにあたっている時，「チャンス！」と思って，思いっきりカンチョウする。みごとに決まり，ズボッと入る。

　「ヤッタ！」と思ってエツに入るヒマもなく，「アチー!!」の声。見たら，そいつがストーブのエントツの熱いところにバッ！と手をふれちゃったんだ。ヤバイと思った。

　友だちはあわてて手を冷やすが，何せ雪の積もってる頃。凍りそうな水に手をつけてる友だちに申し訳なかった。心底，「悪かった。何であんなバカなことをしてしまったんだろう」と，後悔する。

　みるみるうちに，友だちの手はパンパンにはれていった。先生にスゲーしかられた。そいつに話しかけにくくなった。負い目を持った。ホータイを見るのもつらかった。もう二度としたくない。

　それ以来，ストーブにはけっこう神経質になった。「そんなつもりはなくて，軽い気持ちでやったことでも，すごくマズイ結果になることがある」ってはっきり感じた事件の一つ。「こんなことになって初めてわかるんじゃなくて，どうして前に考えられなかったんだろう？」と強く思う。

自転車通学とヘルメット

　学校へは自転車で通う。自転車に乗る時には，ヘルメットをかぶらないといけないのが，はずかしかった。今でも，イナカへ帰るとヘルメットをかぶっ

こういうダサいヘルメット

て自転車に乗ってる少年少女を見て，なつかしく思ったりする。

授業について

9教科あったけど，少しでも先生の顔とか何か覚えているのは，国語（担任），社会，英語，技術。授業の内容はどれも，ほとんど覚えていない。

——以上，中1時代——

おわりに

この記録，じつは「中2時代」「中3時代」もあって，けっこうこのあと長く続きます。それはまた機会があれば紹介しますが……まぁ，自分のことをみんなに紹介するのは恥ずかしいものがありますね。

これを読んでどう思いましたか？

⑤「いじめられるということ*」

⑥「いじめるということ*」

＊小原茂巳『いじめられるということ』（仮説社）を参照。

⑦「カンニング」

　今日から定期テスト。直前の今朝は，毎年ボクが最初のテストの前に読むことにしている定番の文章を紹介します。題は「カンニング」。ドキッとする題ですが，ボクの恥ずかしいカンニングの思い出です。テストもイヤだけど，こんなふうな思い出はもっとイヤなもの。

　これからのテスト，ボクみたいなイヤな思い出を作らず，がんばってくださいね。

カンニング
（文・中　一夫）

　期末テストの監督をしながら，ボクはまたあることを思い出していました。教師になって，試験の監督をするたびに思い出す，ボク自身のことです。そのことを思い出すたびに，こうしてみんなの前で試験の監督なんかをしている自分について考えてしまうのです。

　今日はちょっとその話をしましょう。

　　　　　　　　　　　　　＊

　それは思い出すのもいやな，恥ずかしい場面でした。あれはボクが小学校の６年生の時のことです。帰りの会の時，一人の女の子が手を挙げて，みんなの前で言いました。

　「中君がカンニングしてました。私は見ました」

　……ボクは一瞬にして地の底に落とされたようなショックを感じました。体が震えました。先生の「中，ほんとうか？」という声に立ち上がったボクは，「えっ……ボクはしてません」と答えます。「え，で

も私は確かに見ました！」という女の子の声。その声のまわりで「私も見たわ」という声が聞こえているようです。もうそのころボクはまわりの声がよく聞こえないような感じになっていました。それが長い長い時間に感じました。

　席に座ったボクは「このあとどうしよう？　どうなるんだろう？」と，そればっかりを考えていました。そして，「どうしてあんなことをやってしまったんだろう」と，いまさらどうにもならないことも頭に浮かんでくるのです。

　そう，その時ボクは確かにカンニングをしていたのです。それも何回もです。

　それは社会のテストでした。小学校の時，ボクは社会は得意な方でした。テストでもいい点をとっていました。それがある時，テストで全然わからない時がありました。プライドがあったのでしょうか，ボクは何も書けないで残った解答欄にあせりました。そして，どのくらい躊躇したか覚えていないのですが，ボクは机の中から社会の教科書を取り出して，それを開いて見たのです。

　結果は，100点でした。その後数回，社会のテストのたびにボクは教科書をそっと開いて見ながらテストを受けたのです。毎回100点でした。

　そんな明らかなカンニングをしていれば，いつかバレるのはあたりまえです。けれども，ボクはそれをやめるきっかけを持てなかったのです。……そして終わりの会でのシーン（場面）となります。恥ずかしいです。今でも隠れたくなるくらい。

＊

　その時の思い出が，今でも強烈なのは「ボクがカンニングをした」

ということだけでなく,「ボクはみんなの前でそれを否定した。ウソをついた」からです。言えませんでした,ほんとのことは……。カンニングをした自分も,それを否定した自分も恥ずかしくて大嫌いでした。テストのたびに「みんなは〈またボクがカンニングをするんじゃないか〉っていうふうに見てるのかな」と考えると,体がかたくなるのをどうすることもできませんでした。……それから何回テストを受けたことでしょう。いつだって頭の片隅に,その時のことがこびりついていました。

　先生になってみんなのテストの監督をするようになって,ボクのその思い出はまた鮮明になってきます。だからこんな文をついに書いてしまっています。忘れられないのです,忘れたいと思っても。

　失敗をしながら,人は大人になるのでしょう。けれども,やっぱり「失敗なしにいろいろ気付いて大人になっていけたらよかったのに」と思います。

　この「カンニング」は,ボクにとってとてもはずかしい思い出。こうしてみんなの前でしゃべれるようになるのに,20年近くもかかっていることになります。自分の失敗を人に話すっていうのは,大変なことだと,いまさらながらに思います。

(1990.12.3／1993.3.14改)

おわりに

　いよいよテスト。「いまさらやったってダメだ〜」なんて言わないで,最後の追い込み,がんばってください。テストというのは,「やればやっただけの結果が,予想以上に出てくる」ものです。特に,直前の勉強は,気合が入ってる分,効果的なものです。この機会をのがしちゃもったいない。多少はムリをしても,「今回はやった!」という思いが残るよう,はりきってみたら?

よく「一夜漬けは効果がない」なんて言いますが，それは毎日確実にやっている人の言葉。「テストの時だけ勉強する」（またはテストの時でも勉強しない）という人には，一夜漬けは最後の勝負。「ムダだー」なんてあきらめないようにね。

　特に「理科」のテストは，他のクラスでも言ってますが，「渡したプリントをやっていれば，必ず点がとれる問題」にしてあります。みんないい点とってくれるとうれしいなー。たのしみにしてます。

　さて，もう一つテスト当日のアドバイスを。次は実際の試験の問題の解き方です。

①難しい問題はどんどんとばす

　鉄則は，「解ける問題からやる」ということ。「知らない問題，解けない問題があるのも当然」と思って，できる問題からどんどんやって，時間がかかりそうだったり，難しそうな問題はどんどんとばして，とりあえず最後の問題まで目を通してしまうといいですね。律儀に最初から順番にやっていくと，難しい問題が途中にあったとき，そこで時間ばかりとってしまって，確実に解けるところが解けなくなってしまうからね。

②できない問題より，できた問題の確認を

　できない問題，難しい問題は，あせったって答えが出てくるわけありません。「そういう問題は必ずあるから，その場で落ち着いて考えてとにかく取り組んでみよう」と最初から思っていた方がいいと思います。それこそ，ヘリクツでも何でも，いろいろ考えてみてください。そして，そういう問題は，他の人もそう解けないもの。それ以外の，自分が確実に解けたと思う問題の見落としがないかどうか確認することの方が大事でしょうね。

＊

　僕の定番学級通信7号分〔本書では5号分のみ〕を紹介してきましたが，毎年，これらの通信を出してるうちに，あの忙しい年度始めが過ぎ，なんとなく自分も子どももクラスになじんでくるような感じがします。このように気分よくスタートできるのも，「定番学級通信」というアイデアを発明してくれた小原さんのおかげです。ちなみに，定番通信を出した後は，通信を出すペースはガタッと落ちます。特に何号出すかは意識していませんが，それでもだいたい例年20号前後になります。

〔追記──2016年現在の研究成果〕

　これまで20数年にわたって中学校で担任をやってきましたが，僕の担任業のほとんどは，「お決まりの〈定番〉で流れていく」と言ってもいいかと思います。その一つの例が，この記事で紹介した「定番通信」です。

　この定番通信以外にも，僕は保護者会や三者面談，行事，子どもとの関わり方やトラブルの対処などで，毎年だいたい同じやり方を基礎に進めています。それらのやり方は，うまくいくから毎年続けているわけで，いつしか・自然に僕の〈定番〉となっていったものです（もちろんそれ以上いいやり方があればやり方を変えますが，その必要性を感じないほど毎年このやり方でスムーズに流れています）。

　このような僕の〈定番〉は，現在，「僕の学級担任定番集」と題したCDにまとまっています。学級担任としての「原則的な考え方」なども，僕の本『学校現場かるた』（仮説社）にまとめら

れていますし,ほかに担任がかかわる大きな問題としての〈不登校〉や〈学級崩壊〉に関しても,『〈不登校〉が示す希望と成長』『〈学級崩壊〉とは何か』(ほのぼの出版)があります。これらは僕にとっての〈定番〉のやり方・考え方といえるものです。あわせて参考にしてもらえればと思います。

＊中 一夫「僕の学級担任定番集 CD-ROM」(ほのぼの出版,1500円)
　⇒ データは Word 版なので,クラスの実情に合わせて変更できます。
　〔収録内容〕
　1．クラス作りの考え方
　2．年度はじめの計画(一週間のスケジュール表など)
　3．短時間にできて簡単で生徒にも好評な自己紹介(生徒の自己紹介・担任の自己紹介)
　4．定番学級通信(8号分)
　5．保護者会(よく使うアンケートなど)
　6．子どもとの関わり方(叱り方・気になる子との付き合い方・保護者対応・いじめ指導・学級トラブル対処法など)
　7．行事関係(運動会,合唱祭,修学旅行など)
　8．三者・個人面談(友だちが書くメッセージ)
　9．年賀状・暑中見舞い
　10．その他(『朝の詩集』,クラス掲示物)
　11．クラスの終わりに(最後の通信など)
＊『〈不登校〉が示す希望と成長』(ほのぼの出版,1500円)
＊『〈学級崩壊〉とは何か』(ほのぼの出版,1500円)

　□上記の商品は書店での取り扱いがありません。
　　ご希望の方は,ほのぼの出版(honobono-naka@tbh.t-com.ne.jp),
　　または,仮説社ショッピングサイトからご注文ください。

4 これで安心！
「授業参観」
&「懇談会」

(初出 No.376, 11・12)
なごやかな雰囲気で伝えられたらいいな

●学年はじめの参観日・懇談会

久朗津祥江　北海道・小学校
（くろつよしえ）

●どきどき懇談会

　4月といえば出会いの季節。新しく出会う子どもたちとのことを考えるとウキウキドキドキします。今度の子どもたちとはどの授業書をやろうかな？　どんな楽しいことしようかな。

　子どもたちとの出会いがあれば，もちろん，保護者との出会いもあります。教師の仕事ってすごく知り合いがふえていくんですね。30人学級×2（子ども1人に対して保護者2人）で，定年までに20学級もつとしたら出会う保護者は1000人以上？　記憶に残るかどうかは別として，「多くの人と関わる」のも教師の仕事です。

　そうはいっても，とくに最初の参観日・懇談会というのは，いくつになってもドキドキしてしまうものです。教師生活20年の私でもそうなのですから，新卒さんや若い先生方が緊張するのは当り前です。若い先生じゃなくとも，新しいクラスをもったときは，ほとんどの先生が緊張するのではないでしょうか。「等身大

の自分を知ってもらえればいい」とは思うものの,「少しでもいい印象をもってもらいたい」という心理が知らず知らずのうちにはたらくのかもしれません。

　クラスの子どもたちや保護者とは,会ったその日だけのお付き合いじゃありません。少なくとも,1年間はお付き合いするのです。それを考えると,最初の出会いにドキドキするのは当たり前のことでしょう。

　夫の雅晃さん(同じく教師です)は,今でこそ年の功でうまくやっているようですが,「新任時代には,懇談会って何を話したらいいのやらさっぱりわからなくて,お母さんたちが怖かった」と言っています。「先生,こんなことも知らないの?」なんて言われたり,保護者の質問にうまく答えられなかったりと,よい思い出がなく,ちょっとトラウマ(?)があるらしいです。いま思うと保護者の方々だってやっぱり〈新しい担任〉との出会いに緊張していたに違いないのです。でも,新任というのはそういうことを想像する余裕もないのかもしれません

●新任でも模倣でたのしく

　ちなみに,私の新卒1年目は2年生の担任。初めての授業参観は確か,五味太郎『さる・るるる』か,きたやまようこ『ゆうたくんちのいばりいぬ』の国語プランをやりました(『たのしい授業プラン国語1・2』仮説社,参照)。

　当時,何をどうやったらいいのかまったくわからなかった私の頼みの綱は,すでに教師をしていた友だちの渡辺真紀子さん(北海道・小学校)。「子どもたちに喜ばれる国語プランがある」とい

うことも,彼女に教えてもらいました。その授業プランをやったお陰で,授業参観ではそれほど緊張せず,しかも授業がかなり盛り上がったように記憶しています。授業参観が終わり,職員室に帰ってから年配の先生に「どうだった？」と聞かれて「もう,すごく盛り上がってよかったですよ〜」と答えた私を見て,先生たちが驚いていたのも覚えています。きっと「も〜緊張しましたよ〜」なんて言うかと思っていたのでしょうね。その勢いでその後の学級懇談会もたのしくできたように記憶しています（参観と懇談会は同じ日にやってます）。「マネできることがあるのは強い！」と,このとき身をもって知りました。こんな感じでスタートした私の教師生活は,模倣の連続です。『たのしい授業』や仮説実験授業研究会の仲間から具体的に模倣できるものをたくさん教えてもらいました。模倣することで成功体験を積み重ねて,それで自信をつけてきたのです。

●教師のセールスポイントを伝えたい

　夫とは対照的に,新任時代から私は学級懇談会で失敗らしい失敗をしたことがありません（自分で失敗に気づいていないだけかも）。そこで,「なぜ学級懇談会をわりとうまくやってこれたのか？」と考え直してみました。

　それで,もしかしたら教師になる前についていた仕事が役立っているのかなと,ふと思ったのです。

　実は私は教師になる前に「美容部員＝化粧品を売る人」の経験があります。この仕事では,お客様の要望や希望（シミが気になる,にきびをなくしたい等）を受け止め,それに対応した化粧品のセー

ルスポイント,例えばシミの場合だったら「この商品には酵母が配合されていて真皮にまで届いてシミを薄くしますよ」というようなことをしっかり伝えることが大事なのです。

それで,懇談会の時にも「懇談会に残ったら役員を引き受ける羽目になるかも……でも新しい先生はどんな先生なのか気になるわ」という保護者の気持ちをしっかりと受け止めるようにしていました。そして,教師としての私のセールスポイントである「たのしい授業をする」「子ども中心主義」ということも伝えるようにしていたのです。

幸いにして,私は教師になる前から,真紀子さんや『たのしい授業』を通して,模倣したいと思える教師としての生き方・考え方(=セールスポイント)に出会っていました。だから,それを懇談会で伝えるようにしていました。そうしたことが,懇談会をなごやかに進める上でも役立っていたように思うのです。

●懇談会の流れは……

私の場合,懇談会は1時間ぐらいでやっています(学校の予定に合わせますが)。でも,伝えたいことがしっかり伝わったのならば,早く終わってしまってもいいと思います。忙しいお母さんたちが多いでしょうから,早く終わったら,それはそれで喜ばれます。

懇談会では,まず,お互いが(自分も保護者のみなさんも)できるだけリラックスできるように,雰囲気作りを心がけています。

4月の学級懇談会では役員決めなどもあって時間的にもゆとりがないかもしれませんが,余裕があるときはお茶セットなどを用

意したこともあります。「なんか，ホッと一息できたらいいな」と思ったのです。自分のお気に入りのお菓子をつけるのもいいですよね（手作りが得意な方はそれもいいです）。おいしいものを食べると自然と笑顔になれます。

　以下，私がやっている懇談会の流れを説明します。

①担任の自己紹介（3分くらい）。私はたいていプロフィールを印刷したり，クイズ形式（次ペ参照。原型は小原茂巳「自己紹介はクイズで」『ぜったい盛り上がる！ ゲーム＆体育』仮説社）でやっています。懇談会じゃないところでクイズ形式の自己紹介をやったこともありますが，なかなかなごみます。自己紹介の中にちょっと笑いを誘うぐらいの感じでやると，お互いの緊張がほぐれて次の話がしやすくなります。ただし，次ページの自己紹介クイズは，盛り上がりすぎて15分くらいかかります。

②保護者の皆さんの自己紹介。人数にもよりますが，だいたい10分〜15分くらいかかるでしょうか。保護者の方には机に立てかけられるような名札をあらかじめ作っておいて，誰の保護者なのかをわかりやすくしておきます。ご自分の名前と〈学年が上がってのお子さんの様子〉などを一言，言ってもらいます。そのとき「子どもが毎日学校を楽しみにして通っていますよ」などと言ってくれる保護者を見つけます。そう言ってくれる人は，担任（自分）を好意的に受け止めてくれていると思っていいでしょう。「あがっちゃいそうなとき」は，その保護者の顔を見ながら話をするのです。「それが，あがらないで落ち着いて話せる一つの方法だ」と教わったことがありますが，たしかにそれは有効です。

```
　　　　　久朗津祥江（くろつよしえ）の自己紹介クイズ
〔問題１〕　くろつよしえが育ったのはどこでしょう。
ア．ここ十勝。　イ．北の端，稚内。
ウ．北方領土が見える根室。　エ．五稜郭，函館。　オ．満州。
〔問題２〕　くろつよしえの年齢は？
ア．新卒23歳。　イ．お肌の曲がり角33歳。
ウ．アラフォー43歳。　エ．クロワッサン世代53歳。
オ．関が原の戦い生まれ411歳。
〔問題３〕　くろつよしえの好きなＮＨＫテレビ番組は？
ア．おはよう日本。　イ．大河ドラマ。　ウ．ためしてガッテン。
エ．サラリーマンＮＥＯ。　オ．ゆく年くる年。
〔問題４〕　くろつよしえは教師になる前に別な職業についていました。どんな職業だったでしょうか？
ア．ウェイトレス。　イ．美容部員。　ウ．ホテルのフロント。
エ．スナックのチーママ。　オ．モデル。
〔問題５〕　ワタシと同じ教師の夫雅晃さんとの最初の出会いは？
ア．大学の研究室。　イ．最初の学校の校長室。
ウ．組合の飲み会。　エ．お見合い（知り合いの紹介）。
オ．ナンパ。

＊答えは，1．ウ，2．ウ，3．イとエ，4．アとウ，5．イ。
```

　また，私は未経験ですが，自己紹介をグループごとにやる「グループ懇談」という方法もあります（田辺守男「コレであなたもたのしい学級懇談会」本書209ペ参照）。

③担任から学校での子どもたちの様子を伝える（5分くらい）。

④担任としての願いや思いを伝える（20分くらい）。

　ここがメインです。4月の懇談会では役員決めなどもありますから，そう詳しくは語る時間もないでしょう。そこで，自分が教師として大切にしたいことをプリント（私が作ったものを文末に掲載。参考にしてください）しておくのがいいと思います。緊張していたら，淡々と読むだけでもいいのです。

　私の場合，保護者のみなさんに伝えたいことは，教師になってからほとんど変わってないような気がします。でも，それも『たのしい授業』に掲載されていた小原さんや山路敏英さんの模倣です（小原『たのしい教師入門』，山路「いい目標によって広がるイイ関係」『学級担任ハンドブック』いずれも仮説社）。私は小学校の教師なので，低学年を受けもったときと高学年を受けもったときでは，伝えたいことが多少違うこともありますが，大切な原則は大きい子も小さい子も変わりません。

　次の3つが考えの中に含まれています。

　1．死なないでください。

　2．笑顔と元気が大切。

　3．真理（本当のこと）は多数決ではきまらない。

　話の中に，「保護者のみなさんへのお願い」というのも，最近はいれています。それは「睡眠」と「朝のこと」です。睡眠と朝食，そして朝どんなふうに子どもが家を出てきたかというのは，学校へ来てからのコンディションに大きく影響します。しかも，それらのことは私たち教師にはどうすることもできません。ですから，〈お願い〉をするのですが，その話をするときは「親なのだから当たり前でしょ」というスタンスはとりません。「今の時

代なかなか大変ですよね。ワタシもできないことがしょっちゅうです」と言って「あ～先生もおんなじなんだな～」と安心感をもってもらうようにしています。

⑤保護者の皆さんからの質問受付

　質問に答えられるときは答えます。経験上，今まで多かった質問は「宿題や家庭学習」のことです。「うまく答えられなさそう」と予感する人は，この機会に，自分の考えや方針を，わかりやすい言葉でまとめておくといいでしょう。ちょっとめんどうかもしれませんが，きっと役に立ちます。内容によっては，うまく答えられない質問もあるでしょう。そんな時は,「よくわからないので，ほかの先生に聞いておきます」とか「今はうまくお話できる自信がないので後でお伝えします」と正直に言います。そして, 後日, 通信やお手紙で答えます。内容によっては，他の保護者に「ほかのおうちではどうですか？」とふって，それぞれの家庭の交流をしてみるのも一つの手です。

⑥役員決め

　先生たちがいちばん頭を悩ますのが〈役員決め〉かもしれませんね。私は持ち上がり学年のときは，前年度の参観日に決めてしまうことも多いです。新しいクラスの場合は「このクラスの保護者,そして先生ならやってもいいかな」と思ってもらえるように,できるだけ明るい雰囲気の学級懇談会にするように努力しています。雰囲気が盛り上がったところで，「どなたかやってくださいませんか？」とお願いします。そして，一人でも「やります」と言ってくださったら,「ありがとうございます！」とすぐにお礼

を言います。そのあと，続いてもう一人言ってくださったら「こうやって，進んで言ってくださる方が多い学級は，子どもたちの雰囲気もいいんですよ〜」と言います。全部決まったら，保護者には「ステキです。こんなに早く決まるなんて，私はとてもラッキーです。ありがとうございます」などと，心からお礼を言います。ともかく，「ありがたいこと，うれしいこと」は，はっきりと言葉で表現するようにしています。

　いくつかの役員が決まらなかった場合は，懇談会の後に役員になっていただいた保護者の方に，「引き受けてくださりそうな方の名前」を聞いて，その保護者の方にお願いします。

　役員決めはその地域や学校の慣習とかもあるので「これが決定的にいい方法」というのはないような気がします。教師の私にできることは，決める場の雰囲気をよくすることと，お願いすることぐらいだと思っています。そういう努力をしても決まらないときはしかたありません。PTAは，本来，任意団体ですし，教師の主たる仕事ではないと割り切る――そういう態度もアリと考えるようにしています。

● **懇談会で授業を**

　参観授業とは別に，懇談会でも保護者の皆さんと授業をしてみるのもオススメします。もちろん，それは「お互いに楽しくなれることが十分に予想できる授業」に限ります（佐々木邦道「新学期，親・子・教師が仲好くなる季節」『最初の授業カタログ』仮説社，参照）。私はよく，《自由電子が見えたなら》のさわりをやります。

　1年生で《足はなんぼん？》をやっていたときに，懇談会でも

絵カードを使って子どもたちと同じ授業書でちょっとやってみましたが，大人も子どもも考え方はさほどかわりません。予想がバラバラ。みごと，保護者の方たちも予想をはずしてくれました。

　これらの授業は「真理は多数決では決まらない」という話につなげるためにも役立ちます。それから，「予想して実験するまでのドキドキ感を味わってもらうため」でもあります。小学生の親は，「うちの子にはたくさん発言してほしい」と思いながら授業を参観している人も多く，我が子が発表しないとがっかりしたりします。そんな時，授業書の問題を一部だけでもやると，子どもたちの迷う気持ちや〈間違ったら恥ずかしい〉という気持ちを実感してもらえるのではないかと思うのです。実験道具を用意しておけば，「懇談会が予定より早く終わってしまった」なんてときにも時間調整ができ，かつ盛り上がっていいですよ。

　でも，やっぱり大切なのは，ふだんの子どもたちとの「たのしい授業」。それがなくちゃ「いい雰囲気の懇談会」には近づきにくいでしょう。「たのしい授業したいです！」とセールスポイントを語っても，それが実現できなかったら詐欺と一緒。「たのしい授業」あっての親との「たのしい懇談会」です。

〔次ぺに懇談会で配布した資料を掲載しています〕

学級懇談会資料（2006年4月）〔当時6年生担任〕

　今年度もこの学級（6年生）を担任することとなった久朗津祥江です。よろしくお願いいたします。

　6年生といえば思春期にさしかかっている年ごろ。そして来年は中学生。友だちとのこと，学習のことなど，保護者のみなさんもいろいろと気がかりなことが多くなってくる時期かもしれませんね。私も保護者のみなさんと同様，小学6年生を娘にもつ母です。みなさんと一緒に考えながら，子どもたちが気持ちよく成長できることを願って，そしてできるだけそれを具体的な方法で行なうことができるように努力していきたいと思っています。よろしくお願いいたします。

　昨年も，子どもたちにも保護者のみなさんにもお伝えしたことですが，今年度もあらためてお伝えします。

◎子どもたちへのお願い

1．死なないでください。

　年に1回しか言いません。でも，とってもとっても大事なことです。死んでしまったら，楽しい，おいしい，うれしい……何も感じることができません。そして，みんな悲しいのです。だから，まずは生きてください。

2．ちゃんと学校にきて楽しくすごしてください。

　生きているのなら，楽しい毎日を送ってほしいと思います。もちろん，楽しいことばかりではないかもしれません。でも，「楽しく生きよう」と思ってさえいれば，多少の苦しいことは乗りこえられます。学校にみんなが来てくれて，はじめて私の仕事（教師）も成り立つというものです。学校に来てくれなくちゃ，私は楽しいことも伝えられません。

3．自分のイイところ，友だちのイイところを見つけよう。

　イイところがない人なんて，この世の中にはいません。授業の中だけじゃなく，いろんな場面で，どんなことでもいいから見つけてもらいたいです。

◎クラスとして

それぞれが得意なこと不得意なことがあります。様々な場面で得意なことが発揮できたり，また不得意なことはだれかの力を借りながら補えたり……一人で何もかもできる人間はいないのですから，組織のすばらしさ，いろいろな人がいることのすばらしさを学級の中で実感してほしいなと思っています。そして，それが社会生活にもつながっていくと考えています。

◎保護者のみなさんへのお願い
 1．早寝で睡眠をしっかりとらせてください。
 2．朝ご飯をしっかり食べさせて登校させてください。
 3．「おはよう」と「行ってらっしゃい」の一声を。

　保護者の方のほうが先に出かける場合もあるでしょう。そのときは「行って来るからね。気をつけて行くんだよ」の一声を。
　大人が忙しい時代です。わが家も共働きですので，毎日がバタバタしています。ですから，この3つは簡単なようですが，今の時代，働きながら子育てをしている家庭にとってはそれほどたやすいことではないでしょう。ちょっと気を許していると「あらもうこんな時間」という感じで，寝る時間もおそくなってしまいがちです。だからこそ，ちょっと心に留めておいていただきたいなと思います。この3つをクリアーして学校に来てくれると，それだけで子どもたちは気持ちよく授業にのぞめるのです。
　睡眠と朝食は脳の活性化と体温を高めます。科学的にもすでに立証されているらしいです。また，朝の一声は気分を気持ちよくさせてくれます。朝はバタバタしていて，叱って送り出したりすることもあるかもしれませんが，できるだけ笑顔で登校させてもらえるとありがたいです。

◎基本は「学ぶことがきらいにならないように」
　「学ぶ」ということは一生続きます。大人になったとき机に向かわなくなっても，むしろ，ある職業についた時，その仕事を充実させるためには「学ぶことが必要」と言っていいと思います。ですから「学ぶ」ということがきらいにならないでほしいと思っています。

(初出 No.405, 13・4)

お母さん達と盛り上がる！
保護者会で交流ゲーム

奥　律枝 東京・小学校

●お母さん同士が仲良くなれる！

　小1を担任しています。4月の保護者会は学年全体で行うので，クラスの時間は少ししかとれませんでした。それでもクラスの目標や自己紹介クイズ，皿回しの披露など，できる範囲で楽しみました。

　さて，7月の保護者会です。割り振られている時間は1時間と限られています。学校生活の様子，通知表，夏休みの宿題等，話すことは盛りだくさん。お便りに書いてあることを，できるだけはしょっても，25分くらいかかりました。

　座席は，あとから交流ゲームをすることを考え，最初から机を取り払い，イスを円形に並べました。私もその一つに座り，サイド机に資料を置いて説明しました。

　そしていよいよ，みなさんで楽しく交流する時間！　一緒に学年を組んでいる30代男性は，アドベンチャーラーニング（アメリカで開発された実用的教育手法）を実践している人です。楽しいゲームをたくさん知っているので，前日に「お母さん同士が仲良くなれるゲーム」を教わっておきました。やってみてとても楽しかったので，紹介します。

1．ジャンケン大会

　全員立ってもらい，近くの人とジャンケンをして5回勝った人から，指定された椅子に座っていきます。
⇒席をシャッフルするのがねらい。なかなか勝てない人をにこにこしながら座って見ているお母さ

んたち。これでずいぶん打ち解けた雰囲気になりました。

２．呼ばれたい名前

　子どもの名前で自己紹介してもらいます。「鈴木イチロウの母です」と言ってもらって，担任の「せーの」の声に合わせて「鈴木さん！」とみんなで呼びました。
⇒「みなさんのお名前をできるだけ覚えましょう」と言って，やりました。名前を呼ばれたお母さんたちは「はずかし〜」と言いながらにこにこでしたよ。

　子どもとやったときは，「仮説たろうです。〈たろちゃん〉と呼んでください」とあだ名を言ってもらいました。

３．見えない共通点

　隣の人と２人組になり，目に見えない共通点を探します（２人組の確認は担任がします）。「女性とかズボンを履いているというのは目に見えるけれど，出身地や血液型など，２人にしかわからないことを３分でできるだけ多く探してください」と最初に言いました。
⇒共通点が目的でなく，隣の人とおしゃべりする機会にします。中には共通点が見つからない人もいるかもしれませんが，それもまたよし。

４．だまって誕生日順に並ぶ

　一言もしゃべらないで１月から順に誕生日順に並んでもらいます。指で合図を出すのはオッケー。
⇒席をシャッフルするのがねらい。並び終わったら「では，確認します」と言って，何月何日かを順番に言ってもらいます。この時はちゃんと順番に並べていたので，最後には「わあ！」（パチパチ！）と感嘆と拍手が起こりました。いい雰囲気〜。

５．「できるようになったこと」を見て自分の子を紹介する

　席をシャッフルしたところで，今度は４人組になり，もう一度自己紹介をしてもらいます。

　そして事前に子どもに書いてもらった「１年生になってできるようになったこと」を見て，自分の子どもを紹介してもらいます。

⇒これをきっかけに，たくさんおしゃべりして仲良くなってもらうのがねらい。4人に足りないところは担任が入りました。

6．感想を書いてもらう

〈本日の感想〉〈これからやってほしいこと〉〈お名前〉を書いてくださいとお願いしました。その場で書いてもらいました。周りに置いてある机や椅子で書いてくれました。「明日でもいいですか？」という人もいるので，「全然大丈夫です！」と答えました。

●嬉しい感想

5までで30分ほどかかりました。つまりゲームを終えて，ぴったり1時間！

「〈呼ばれたい名前〉を最後にもう一度やって復習するといい」と言われていたのですが，時間切れ。アドベンチャーラーニングでも振り返りを大事にしているので，感想は必ず書いてもらうそうです。

お母さんたちに書いてもらった感想をいくつか紹介します。

☆保護者会というと，説明して「はい，解散！」というイメージでしたが，お母さん達でやるゲームは楽しかったです。これからもゲームやりましょう。

☆今日は自己紹介をしたので，次に会ったときは○○さんと声かけができそうです。おしゃべりタイム楽しかったです。お菓子でも持ち寄り，楽しく過ごしたいです。

☆ただ先生のお話やプリントを読むだけでなく，他のお母さんと話す機会を与えて頂き，「参加したいな」と思わせる，にくい演出でした。ありがとうございます。また，お願いします。

――ほとんどの方が書いてくれました。どれも嬉しい感想ばかりです！皆，「他のお母さんと交流したい！」と思っていることが感想を読んでよくわかります。

仲良くなるために席替えやゲームを通じて交流してもらうやり方，とてもいいなぁ。私も保護者会を終えて，「あ～，楽しかった」と思えました。次回はどんな交流ができるか，ネタを仕入れなくっちゃ！と張り切ってます。

(初出 No.349, 09・4)

コレであなたも
「たのしい学級懇談会」

●笑顔の出る懇談会をめざして

田辺守男 埼玉・中学校

●はじめに

　アナタは保護者会や学級懇談会が苦手ではありませんか？　いつ親からの苦情や文句が来るかと，ハラハラドキドキしながら懇談会を迎えたりしていませんか？　ずらりと並んだお母さん方に圧倒されて，一方的に話をして早く終わりにしようと焦っていませんか？　実は，僕は30年以上も先生をしているのですが，ずっと懇談会が苦手でした。でも今ではなんとかたのしくできるようになっています。それは，懇談会をたのしくできる具体的な方法がわかってきたからです。

　僕が特に参考にしたのは，小原茂巳さんの「保護者会・ちょっぴりたのしくするアイディア」(『たのしい教師入門』仮説社，所収)です。その他にも『たのしい授業』や，仮説実験授業のサークルなどで得た情報を参考にしました。

　そうしたアイディアを懇談会に取り入れたところ，参加した保

護者の方から「たのしかったです」「イイ話が聞けてよかったです」という感想をもらえるようになって，ちょっとは自信を持てるようになりました。

その「懇談会がたのしくなったアイディア」をこれからご紹介したいと思います。初めて担任する先生や，今まで懇談会が苦しかった先生にはぜひオススメです。

● 懇談会の目的は？

「保護者会」とか「学級懇談会」というのは「生徒の保護者の集まり」で，学校生活の説明をしたり，先生と親御さんとで懇談したりするのがメインですね。学校によっては，学年全体の保護者会をやらずに〈学級懇談会だけで終わり〉という所もあるようです。ここでは「保護者会」と「学級懇談会」を同じような内容のものとして話を進めていきます。

さて，4月最初の「学級懇談会」というのは特に重要です。初めて出会う保護者の方とはお互いに「参加して楽しかった」というイイ印象が持てることが大切です。初めがよければ次も参加したいと思ってくれるハズだからです。

まず，保護者の方が懇談会に参加する目的を僕なりに考えてみました（右）。

懇談会の願い
①今度の担任の先生はどんな先生か知りたいな。
②学校での子どもたち（特に我が子）の様子を知りたいな。
③クラスの様子を知りたいな。
④他の保護者の方と知り合いになりたいな。
⑤子育てのことや知っていてためになるようなことを教えてほしいな。
⑥その他，気になることや，この際伝えておきたいこと。

これらの願いは,実は〈担任である僕の目標〉でもあるのです。僕はさらに欲張って「⑦たのしい雰囲気で」という目標も追加しました。
　初めての懇談会ということだったら,目標は「①担任の紹介,③クラスの様子,④お互いが知り合いになる」にしぼって考えるとよいでしょう。そして僕はできるだけ,「子どもたちのスバラシサ」を伝えるといいと思っています。

●**少しの手間で大きな成果**
　では具体的にどんなことをするといいのでしょうか。僕がよく懇談会でやっているのは,以下の5つです。

1．「**担任の自己紹介クイズ**」（小原茂巳「自己紹介はクイズで」『ぜったい盛り上がる ゲーム＆体育』仮説社。目標①：担任の紹介ができる）〔本書18, 194ぺの記事も参照〕

　　担任の素顔をクイズ形式で紹介し,「ピンポン・ブー」（67ぺ）で正誤判定します。ただの自己紹介よりもクイズにした方が断然楽しくやれます。趣味や特技などがあればそれを紹介します。最高得点者にちょっとしたプレゼントを用意しておくと盛り上がります（僕は子どもたちに人気のあった,仮説社取扱いの「マジックフライヤー」や「分子模型ストラップ」をプレゼントしてました）。

2．「**今度の担任やクラスはこんなです**」（田辺嘉代子「イイとこ見つけてステキ循環！」『たの授』No.184, 目標①と③）

　　「子どもたちに書いてもらったクラスや担任の様子」を紹介します。新年度に子どもたちと「たのしい出会い」をしていたら,ほとんどがイイ評価をしてくれます。→[**文末資料1**]

3．「担任の願い」（山路敏英「いい目標によって広がるイイ関係」『学級担任ハンドブック』仮説社。目標①）〔194ペの記事も参照〕

　「こんなことを考えながら担任しています」という話。しんみりしますが，なかなか味わい深いものがあります。

4．「さすらいのギャンブラー」（岩瀬直樹「さすらいのギャンブラー」『教室の定番ゲーム2』仮説社，目標④）

　ゲームをしながら自己紹介ができます。和気あいあいと盛り上がること確実。担任が混じっても良いです。→ [**文末資料2**]

5．「グループ懇談」（次ぺにくわしく紹介。目標④）

　参加したお母さん方をいくつかのグループに分けて，少人数で話し合ってもらいます。少人数の方が話しやすいし，顔見知りになりやすいです。

　時間や目的によって上記の1〜5の内容のいずれか（もしくはすべて）を選択しています。

　僕の場合，以前は「担任の願い」だけで静かに終わった時もありましたが，「グループ懇談会」をやるようになって，ニコニコ笑顔で終われるようになりました。さらに，「自己紹介クイズ」や「クラスや担任はこんなです」で自分の素顔やクラスの様子をたのしく紹介できるようになり，「さすらいのギャンブラー」で一気にたのしさ度がアップしました。

　これらをすべて初めからやる場合は準備がちょっと大変だと思われるかもしれません。でも少しの手間で大きな（嬉しい）結果が期待できるなら，準備もそれほど苦にはならないというのが実感です。ちなみに準備が簡単なのは「さすらいのギャンブラー」

と「グループ懇談会」です。

　ところで,出会いの「たのしい雰囲気」をお母さん方にも味わってもらうためには,まず子どもたちが担任とたのしい出会いを経験した後の方がやりやすいです。ここに紹介した「自己紹介クイズ」や「さすらいのギャンブラー」は,子どもたちとの出会いの場でもオススメの内容です。事前に子どもたちとやっていれば,準備の手間も省けます。それに保護者会の練習にもなります。子どもたちにもお母さん方にも「たのしい出会い」となれば,まさに一石二鳥です。

●グループ懇談はオススメ

　「他のお母さんたちと知り合いになりたい」という目的について,「グループ懇談」はぴったりです。これは以前,木下富美子さん(東京・小学校)からおよその話を聞き,自分でもやったところ,非常に盛り上がったのです。それからは懇談会の定番となりました。

　以下に詳しいやり方をご紹介したいと思います。

グループ懇談のやり方

　グループ懇談(以下「グループ懇」)というのは,〈参加したお母さん方をいくつかの小グループに分け,グループごとにおしゃべりをしよう〉というものです。イメージとしては〈井戸端会議的なおしゃべりをクラスでやる〉というところでしょうか。

　保護者の方たちへの説明は,いつもこんな感じでしています。

　「今日参加したみなさんの中には,〈他の保護者の方と知り合い

になれるといいな〉と思っている方が多いと思います。そこでこれからみなさんに1人ずつ自己紹介とお子さんの様子をしゃべってもらおうと思ったのですが（大抵ここで参加者の顔がくもる），大勢の前で話すのはなんとなく苦手だなという方もいらっしゃると思うので（ウナウナとうなずく人多し），数人のグループにわかれて，気楽におしゃべりをしてほしいと思います。

　まず，グループ内で簡単に自己紹介をしてから，気軽にお話しあってください。テーマは〈○年生になって変わったこと〉〈今頑張っていること〉〈気になること〉などです。でも，これにこだわらなくてもかまいません。もし話のネタがなくなったら，黒板に書いてあるテーマを参考にしてください。

　井戸端会議みたいでいいですし，我が子の自慢話や学校へのグチの言い合いになってもかまいません。しゃべるのが苦手な人は，ウナウナと聞くだけでもかまいません。また，兄弟で上の方がいましたら，困った人には〈うちの上の子の時にはこんな風に対応したわ〉などと先輩的なアドバイスをしていただけると助かります。気楽におしゃべりしてくださいね」

　次に具体的な進め方です。
①人数は1グループ4～5人程度。近くの人同士で席をくっつけてもらいます。または子どもの男女別でも良いです（男の子と女の子でいろいろ違ったりするから）。
②簡単な自己紹介（我が子の「名前」と「親の趣味」など）からスタートします。グループごとの司会はなくても良いです。
③懇談のテーマはあった方が話しやすいと思いますが，なくても

良いです。子どものことでかなりおしゃべりがはずむはず。

テーマの一例を挙げると、「○年生になってがんばっていること、困ったこと」「休日の過ごし方」「興味・関心事」「近所の様子」「学校への注文」「反抗期の我が子との付き合い方」「友人関係」「遊びとその場所」など。事前にこれらを黒板に書いておきました。

「勉強」「塾」「イジメ」といったテーマは、担任からは出さない方が無難でしょう。特にイジメっ子や乱暴者のいるクラスでは個人攻撃になったりしないように気をつけてください。

④懇談の時間は10〜20分前後がいいと思います。ただし、時間がたっぷりとれるなら、一回だけのグループ懇で終わらずに、メンバーを替えて二回目をやれば、より多くの人と顔見知りになれると思います。

⑤グループ懇の後、各グループでどんな事が話題になったかを簡単に全体に話してもらうのもいいです。初めから発表者を指名しておくと懇談中に落ち着かないかもしれないので、しゃべってくれそうな人に突然指名でもいいと思います。無理してやるほどのことではないので、参加者に聞いてからでもいいと思います。

⑥担任はどこかのグループに参加して一緒におしゃべりすればいいでしょう。「先生どうですか？」と聞かれたら答えるぐらいで、あんまりしゃべりすぎないようにね。

＊

グループ懇談をやるたびに、毎回多くのお母さん方から「気軽

におしゃべりできて，とってもよかったわ」という声を聞くことができています。一度，学年全部のクラス(中1，8クラス)でやったことがありましたが，どのクラスでも「話がはずんでよかった」と担任の先生が教えてくれました。中には，「話が盛り上がりすぎて，終わりの時間になってもなかなかやめてくれなくてちょっと困った」なんていうクラスもあったようです。

●懇談会の評価と感想

さて，懇談会が楽しく終わったら是非とも感想をとってみてください。ちょっと怖い気もしますが，参加した保護者の方の笑顔を見るだけではもったいないです。きっと，アナタをさらに元気づけてくれる感想に出会えることと思います。

僕は感想文用紙はその場で配って，後日子どもを通じて持ってきてもらいました。ここで評価と感想の一部を紹介しましょう。96年に中学1年生のクラス（39人）を担任したときに，211～212ぺに紹介した1～5のやり方で初めてやった時のものです。参加人数29人，うち感想を届けてくれたのは17人でした。

〔評価〕

5．とても楽しかった　7人	4．楽しかった　10人

3．楽しくもつまらなくもない，2．つまらなかった，
1．とてもつまらなかったは0人

〔参加者の感想〕

◇「ホッとしました」

　新学期はじめての保護者会と言えば，恒例の自己紹介があり

ます。人前で話をするのが苦手な私にとってはドキドキの一瞬でもあります。今回はゲームでの自己紹介でしたので，本当に"ホッと"いたしました。楽しい時間でした。

◇「印象が残りました」

　最初の懇談会で，声を出して笑うことが出来たのは，初めてだと思います。とても楽しかったです。懇談会ではいつも自己紹介がありますが，他のお母さん方の印象はあまり残りません。でも今日は，家に帰ってから，この感想文を書きながらクラスのお母さんの顔が浮かんできています。この次を楽しみにしています。

◇「知り合いになれました」

　先生の人柄が子どもの話と先生のお話でとてもよくわかりました。〈クラスが楽しい〉ということが，本当だと思いました。クラスが良い雰囲気だと誰と話しても楽しいし，〈人から学ぶこと〉もたくさんできます。〈勉強も頑張ろう〉と学習意欲も持てます。子どもも親が思っている以上に早くクラスになじめ，先生が好きになってくれ安心しています。

　懇談会も，ただ一人一人の自己紹介よりも「グループ」になって少しの時間でも〈他のお母さん方と本当に知り合いになれた感じ〉で良かったです。

●オマケ──矛盾した２つの親の願い

　次の話は，友人の山路敏英さん（東京・中学校）が「保護者会で話した」という内容です。とてもいい内容なので，僕は印刷したものを保護者会で配っています。ご参考までに紹介します。

先日の保護者会で，僕が話したことの一つは板倉聖宣さんが，おっしゃっていたことです。

　「親というのは，〈自分の子どもが心豊かに育ってほしい〉という理想を持っていると同時に，〈いい学校に進学してもらいたい〉という現実的な願いも持っている。この二つの願いは対立している。そういう矛盾したものを両方持っているのが親だ」

　——ということです。僕らがそういうことを知った上で仕事をしているのと，どっちか片方だけの考えで仕事をしているのとでは，親に対する印象もずいぶん違うなあと思います。

　ですから，「僕ら職員は，〈親の願いというのは矛盾したものが二つあって，その両方とも，できるならかなえたい〉という姿勢でやっていますよ」という話をしました。

　これを聞いて，お母さん方は「ほっ」とした顔をしていました。というのも，ふつう親自身がこの二つの矛盾をかかえていて悩んでいる。矛盾していて，対立していて，時によってどっちかが優勢になっているけれど，争っている。

　だから，「矛盾したものが心の中にあるのがフツーの親ですよ」ってことがわかっていると安心するじゃない。僕も板倉さんの話を聞いて，子どもの親として安心したのね。

　だから，お母さんたちも自分の中の矛盾した気持ちがわかっていると，安心して，ある時にはオニのように「勉強しなさい！」って怒ったり，ある時はうんと理想高く「人間というものはこうじゃないか」と話したりもできると思うんです。

　——僕（田辺）も二人の子の親。このお話に共感できます。

[資料１]──「今度の担任やクラスはこんなです」のやり方

懇談会の数日前に，下のようなプリントを子どもたちに配って，簡単にまとめておきます。

「お母さん・お父さん，今度のクラス／担任は………です」

みなさんに出会って○週間がたとうとしています。
新しいクラスになれましたか。
「田辺先生という人物」のことが少しはわかっていただけましたか？

さて，今度学級懇談会があるのですが，初めて担任と出会うお家の人に今度の「クラス」や「担任」のイイところを紹介してください。
次の①か②のどちらか書きやすい方を書いてください。両方書いてもいいです。（書けないよ～！ 見つからない～！っていう人はムリして書かなくてもいいですよ）

　　　①「お母さん（お父さん），今度の田辺先生は……」
　　　②「お母さん（お父さん），今度のクラスは ……」

＊絵やイラストで紹介してくれてもかまいません。

アナタが選んだ番号 ［ ① ・ ② ］（どちらかに○）
アナタの名前 【　　　　　　　　　　】

　　　　＊実際に使うときは，この枠を大きくとる。

ご協力ありがとうございました。

子どもたちがナマの声を聞かせてくれるので，あまりに正直に書かれるのはちょっと怖い気もしますが，それまでの「楽しい出会い」「楽しい授業」のおかげで，ほとんどの子どもたちがイイことを書いてく

れます（そもそも，「イイところを見つけて書いてね」とお願いしているのですしね）。また，書いてもらうのが強制ではないので，それほど気になることも出ません。クラスについてはまだなんともわからないでしょうから，書けなくてもいいでしょう。僕は，もう十年以上もやっていますが，毎年，同じような感想が出てきます。

［資料２］──「さすらいのギャンブラー」のやり方

〔準備するもの〕
・オモチャのお金を印刷したモノ。一人５枚位。
・キッチンタイマーなど，時間を計るもの。

〔やり方〕
①一人５枚，お金を配る（担任も参加）。
②立ち上がって歩き出す。
③近くで出会ったお母さんと，二，三項目，簡単に自己紹介する。たとえば「お子さんの名前」「地区名」など（ほか「子どもの出身小学校名」「部活動名」「子どもの好きなこと」「自分自身の趣味」）。
④お互いの自己紹介が終わったらジャンケンをして，勝った人が負けた人から「お金」を一枚もらう。
　　……以下，自己紹介とジャンケンを繰り返す（最低，５人とは話ができる）。
⑤５枚とも終わってしまった人は自分の席に戻る。
⑥数分もしくは席に戻ってしまう人が２～３人出たらゲーム終了。
⑦一人ずつ，「名前と獲得枚数」を紹介する（枚数がとても多いと拍手が起きたりする）。

簡単な自己紹介もできるし，お金集めのスリルもあるし，とっても楽しい自己紹介となります。詳しくは，『教室の定番ゲーム２』（仮説社）の岩瀬直樹さん・さやかさんの記事をご覧ください。

(初出 No.418, 14・3)

懇談会で折り染めをしました！

長嶋照代　埼玉・小学校

●同じものが一つもないんだね

　今年度（07年）は4年生の子ども達と毎日パワフルに過ごしています。4月に教室を華やかにしたいなと思い，子ども達と折り染めをしました。折り染め紙に習字をして掲示しようと考えたのです。

　角度の学習前なのに，いきなり正三角形折りを教えました。いつもは簡単な四角折りから教えるのですが，「簡単→難しい」より「難しい→簡単」でやったほうが意欲的にできることもあると，前年度の算数担当で学んだからです。あまり興味を示さない子も多そうだったので，一回で満足度アップを狙いました。

　折り染めの紙をひらく瞬間は，あちこちで「わぁ！」「きれい」という歓声が聞こえました。「先生，同じものが一つもないんだね」「ぼくのは世界に一つしかないんだね」……なんだかうれしくなっちゃいます。なんと評価は全員「5．とてもたのしかった」！

　でも，困ったことがおこりました。「きれいだから習字をしたくない」というのです。結局，障子紙を買いにいき，翌日もう一回やることに……。気に入ったほうは持って帰り，1枚はお習字してねとお願いしました。お習字したものは教室に掲示しました（上写真）。

●保護者にも大好評

　4月，初めての懇談会で，折り染め習字を見た保護者の方は「きれい」「うちの子が染めたとは思えないわ」「家にうれしそうに持って帰ってきました」と口々にほめ

てくださいました。折り染めで話が盛り上がったので、いい雰囲気で始めることができました。

　５月の家庭訪問、男の子のお家に行ったら、壁にステキな作品が飾ってありました。よく見ると、額縁に入った折り染めでした。「あまりにきれいだったので飾りました」とお母さん。額に入れるとプロの作品みたいです。別の男の子の家では、巻き簾に折り染めを貼って飾ってありました。「夏らしくてすてきでしょ」とお母さん。アイディアに脱帽です。

　６月のある日、廊下からPTA役員のお母さん達が大勢でわたしの教室をのぞいていました。何事かと行ってみたら、「折り染めが評判なので、みんなで見にきました」とのこと。「うちのクラスでもやってほしいわ」「学年行事でできないかしら」と話が盛り上がっていました。

●懇談会で折り初め

　７月には２度目の懇談会がありました。今回は授業参観がないのであまり来てくれないかもなぁと思っていました。事前に、懇談会の時間は、各クラスごとに茶話会をすることになったとクラス役員から申し出がありました。当日、役員の方に茶話会の希望を聞いたら、「先生、特にみなさん希望がないんですよ〜」「！」。そこで急きょ、「みなさんで折り染めをしながらおしゃべりしませんか」と提案しました。こんなこともあろうかと、いつでもできるように折り染めの準備をしてあったのです。備えあれば憂いなし。

　保護者のみなさんは、子ども達の作品を見ていたので、興味津々のようでした。席が近くの方同士でおしゃべりしたり、作品を見せ合ったりしています。わたしも出来上がった作品をきっかけに、個々に話をすることができました。７枚残った紙を見て、２枚目をやりたいとジャンケン大会が始まるほど好評でした。役員の方にも感謝されました。

●懇談会の翌日

　朝、教室に行くと、そうくんがニコニコしながらあるものを見せ

てくれました。家で自分の机の引き出しを開けたら入っていたというのです。それは昨日そうくんのお母さんが作った折り染めでした。「大好きなそうへ　ママより」と言葉がそえてありました。そうくんは照れくさそうにしながら，本当にうれしそうでした。そうくんのお母さんは２枚作ったうちの１枚を「息子の浴衣の柄みたいだから，息子にあげようっと」と言っていたのを思い出しました。

また，まなちゃんが連絡帳を見せてくれました。そこにはこんなことが書いてありました。

　　いつもお世話になっております。昨日は子ども達の学校での様子など，いろいろお話いただきとてもほほえましく，また，参考になりました。
　折り染めも教えていただき，ありがとうございました。とても楽しく，家に帰って子どもに見せましたら，
　「お母さん，きれい」（私がきれいという意味ではありません）と言われ，親子の会話がはずみました。弟も作りたがりましたので，夏休みに親子でまた作ってみたいと思っています。
　次回の懇談会も楽しみにしています。これからも，親子共，ご指導，よろしくお願いいたします。

じつは，ふだんまなちゃんは，お家の人が連絡帳に何かを書くのを嫌がっているようです。それが今回，進んで見せてくれたのですから感激でした。

もともと私は，今年度，懇親会をがんばろうと思っていました。折り染めもその一環で，事前に準備していました。

保護者の方同士が顔見知りになったり，少しでも仲良くなってもらえれば，子ども達の関係もうまくいくと思います。そのためには少しでもサービスして，懇談会の参加を増やしたいと考えています。働いている方も多いので，「わざわざ仕事を休んだけど，来てよかった」と言われるようにしていきたいと思っています。

(2007.7.7)

＊おりぞめついて詳しく知りたい方は，山本俊樹 編著『みんなのおりぞめ』（仮説社）をご参照ください。〈おりぞめのいろは〉が丁寧に解説されています。

〈初出 No.217, 99・11〉

保護者会で〈皿回し〉

山路敏英　東京・中学校（当時）

● いつも開始が遅れる保護者会

　2学期末の保護者会が近づいてきました（98年12月）。保護者会は、まず全学年の保護者が集まる全体会から始まります。30〜40分行われる全体会は、「学校長あいさつ」「教務主任の話」「生活指導主任の話」と順に進められます。そして、その会が終わってから学年保護者会・学級懇談会に分かれる、というパターンです。

　その年の4月から保護者会（全体会）をすでに2回やって、ボクにはとても気になることがありました。それは会の開始時刻のことです。保護者には手紙で「1時50分から開始」とお知らせし、こちらはそのつもりで用意しているのですが、保護者がなかなか集まらないのです。これは、時間通りに来てくれた人にはたいへん申し訳ないことだと思いました。それにこのままだと、時間通りに来てくれた人たちもいずれ「○○中学校の保護者会？　あれはいつも10分は遅れるよ。だから私も遅れていこう」となって、

さらに次回は集まりが遅くなることになりそうです。そうなると，全体会の後の学年保護者会や学級懇談会にもしわよせがいきます。

● 〈定刻主義〉が優先か？

　ボクが会議の開始時刻にこだわるわけは，「職員会議も〈定刻主義〉で」(『たのしい授業』No.215) の中で書いたので省略します。すでに職員会議に〈定刻主義〉(予定時間きっちりに開始する主義) を取り入れてから8ヵ月がたちました。多くの職員の協力のもとにすっかり定刻主義が定着してきました。そこで，「それならば保護者会も〈定刻主義〉にしてしまえばいいではないか。保護者が予定通り集まらなくても始めてしまえ」と思いました。

　しかしそうすると，またまた気になることが出てきます。定刻に会を始めたとすると，全体会の最初——「学校長あいさつ」(10分〜15分) は，お客様がまだ3割くらいしかいないところではじめることになります。一方，生活指導主任と教務主任（ボク）はちゃんとお客様がそろったところで「お話」ができます。これってなんか校長先生に申し訳ない気分です。じつは，校長先生は来年の4月から海外日本人学校に転勤のため，12月いっぱいでこの学校を去ることになっていました。そこで，今回は特に，校長が年度途中で変わる報告と保護者へのお礼を言わなければならないので，ぜひ多くの人に聞いてほしいのです。

　ボクは悩みます。悩んだときはいつも〈原則に立ち返る〉，これがボクの発想法です。それは〈学校の第一のお客様は子どもたち〉ということです（今年度はじめに校長先生が書いた〈学校経営

方針〉の中にあった言葉。ボクはこのコトバがとても気に入っています)。このことから言えば〈学校の第二のお客様は保護者のみなさん〉ということになります。「学校側の都合」はその次です。

　振り返ってみれば，職員会議を〈定刻主義〉にしたのはボクや司会者のためではなくて，仕事を予定通りしたくて時間を守った職員のためであるし，事情があって遅れた職員がうしろめたくならないためでもあるのです。同じように，保護者会の〈定刻主義〉は保護者のためのものということです。ならば，定刻主義優先でいくのが〈原則的〉(原則の優先順位が決まったら，それに従い，例外を認めないという意味)というものでしょう。

　でもこのまま突き進むのもちょっと乱暴だと思いました。時間通り始めるにしても「学校長あいさつ」をできるだけ多くの保護者に聞いてもらえる方法があるなら，その方がいいわけですから。

●**新しい提案**

　ボクは考えました。そして，いい案を思いついたので，さっそく校長先生に次のことを提案してみました。

　　全体会の話の順序を，(1)教務主任，(2)生活指導主任，(3)学校長，の順に入れ替えてはいかがでしょう。

　　落語にも〈前座〉と〈真打〉という順序があります。オペラは幕前に〈序曲〉が演奏されます。教務主任(ボク)が一番最初に出て，〈時間通り始めるわけ〉と〈話の順番を入れ替えたわけ〉を説明してから話をすればいいでしょう。私の話は〈どうしても〉というものはありませんから，お客様がどんなに少なくてもかまいません。ただ，つまらない話をして，次回から

〈くだらないから遅れて来よう〉なんて思われてしまったら困りますから，できるだけ〈時間通りに来て，得した気分〉と思ってもらえるような話を準備するようにします。

　生活指導主任の話は２学期の様子やら，ご家庭へのお願いやら大事なこともけっこうあるでしょうから，２番目ということでどうでしょう。

　最後に真打登場ということで校長先生の出番です。これなら多くのみなさんに話を聞いてもらえます。

　校長先生はすぐに「それがいい。そうしよう」と決断してくれました。

●頼りになるのは『たのしい授業』

　ことが決まってから，「〈時間通りに来て得した気分になる話〉って，何をすればいいの？」と考えました。決まってから考えるボクののんびりさに自分でもあきれますが，でもいつもボクを助けてくれるのは『たのしい授業』。これにたよりましょう。

　最近，ボクの受けもっている科学部では，「皿回し」をやっているなぁ（クラブ予算で〈皿回し練習セット〉を20コ買ってもらった）。そういえば，『たの授』に皿回しの記事が出ていたな……うーん，これでいきましょう！

　「えっ！　保護者会で〈皿回し〉を見せるの？　そんな話聞いたことないなぁ。それになんか場違いのような気がするし，〈大道芸を見に来たんじゃないぞ。まじめにやれ！〉なんて叱られそう」と思う人もいるでしょう。でも，「たかが皿回し」とバカに

するなかれ。ちゃんと運動力学理論と哲学まであるのです。そのことを教えてくれたのは，次の2つの記事です

　まず，塩野広次「これならだれでも回せる　秘伝〈皿回しの術〉」（『教室の定番ゲーム1』仮説社）。その中で塩野さんはこんなことを書いています。

> ところで，私がなぜ皿回しに興味を持っているかというと，この皿回しの動きに社会（人間関係）の法則を考えるヒントや教訓がたくさん含まれていると思うからです。

　さらに，具体的にどのように哲学するかは，次の記事が参考になりました。湯沢光男「〈皿回し〉は生徒指導だ」（『教室の定番ゲーム2』仮説社）。

> 皿回しのコツは何と言っても「相手に合わせて回す」ということです。つまり，回る皿に合わせて回す。早く回そうとして無理やり回しても皿は回ってくれないわけです。で，少しずつ少しずつ力を加えていってだんだんに回っていくわけです。これはまったく人間関係と同じです。回る皿が生徒，棒が先生とすれば，先生がいくらあせって生徒をよくしようとしても，生徒は動かないわけです。「相手に合わせて」，相手のいいところを見つけながら，少しずつ少しずつ働きかけていく以外にはないわけです。

　なるほどねぇ。さて，これだけ学習できれば，ボクの話の骨組みはできそうです。

●**教務主任（＝ボク）の話**

　実際には，次のような内容で約15分，実演を交えて話をしました。
1．はじめに皿を回してみせます（大勢の前でやるのは初めてだったので，緊張して1回目は失敗して床に落としてしまいましたが，そのことでかえってむずかしそうに見えて，見る側も集中してくれたようです）。
2．皿回しは，子育てによく似ていると思います。皿が子ども，回す棒が親とたとえると，私も二人の子を持つ親として，学ぶところがたくさんありました。
3．皿は，ただやたらと回そうとしても回りません。運動力学を知り，そのコツがわかれば短い練習時間でできるようになります。同じように子育てにもちょっとしたコツがあるようです。
4．皿回しのコツで一番大事なのは，「相手に合わせて回す」ということです。はじめは反対側の手でちょっと回転のいきおいをつけてあげますが，棒をそのゆっくりした動きに合わせないと皿は落ちて非行に走ります。親は子どもの成長に合わせて少しずつ励ますのがコツだと思いました。お子さんが生まれたばかりのとき，「這った，立った，歩いた」といっては喜んだときのことを思い出してください。そのときすぐに「英語をしゃべれ」とか「大学に入れ」とか思わなかったでしょう。
5．皿をだんだん早く回すために力を加え続けるわけですが，糸底（皿の底の裏の輪状に突き出した部分）の内側に力を加えるのがポイントです。他の場所では力を加えることができません。子どもを励ますときも，本人が伸びようとしているところを見

つけて励ましてあげると効き目があるようです。中学生は思春期で対応がむずかしいです。やたらと褒めても，単なるおだてでは見抜かれます。
6．元気に皿が回るようになると，もう，あまり神経を使わなくてもちゃんと回ってくれます。こんどは棒に力を入れなくても自分で回転して，反対に棒の方が回されてしまいます。親が成長した子どもに励まされる状態です。
7．最後に〈通常の２倍の長さの棒〉で皿を回して，「皿が元気に回っていれば，はたから見てちょっとむずかしそうなことも割りと簡単にできるようになります」と言って，話を終わります。

　実際，この内容でボクの話が終わると，会場から拍手が起きてしまいました。司会の教頭先生がすかさず「温かい拍手をありがとうございました」と言ってくれました。次に話をする生活指導主任はとてもやりにくい状態で申し訳なく思いました。

*

〈保護者の皆さんに「来て良かった」と思ってもらえるような保護者会〉というのはなかなかむずかしいものがあります。でも，実験的にいろいろ工夫する余地はまだまだありそうな気がするのですが，どうでしょうか。

(初出 No.402, 13・1)
中学生活を知ろう
●保護者にも喜ばれた「クイズ／中学1年生に聞きました」の授業

高橋善彦　福井・小学校

●はじめに

　3学期，6年生の子どもたちは4月から始まる中学生活に期待と不安を抱いています。そんなとき「中学に行ったら○○なんだから，今のうちから□□しなさい」なんて，やたら不安をあおる「指導」をよく耳にします。でもこのセリフ，「生徒指導」しなきゃいけないときに，他にいい方法がないと，とりあえずボク自身も使ってしまうセリフなんですよね。「中学は大変だよ」と不安をあおるばかりじゃいけないな。不安でいっぱいの子には不安を解消してもらいたい。だけど，中学生活に向けてそれなりの心構えも持ってほしい……そんなことも思います。

　そこで，「子どもたちが進学する中学校の1年生，つまり1年先輩にアンケートをして，その結果をクイズにして当ててもらおう」と考えました。これなら楽しくてためになる授業ができそうな予感。

授業はクイズを3問（「中学校で大変なことは？」「中学校で勉強と部活以外に大事なことといったら？」「中学生活を漢字1字で表すと？」）やって，最後に先輩からのメッセージを読むという流れにしました。

　この授業，「絶対にお家の人にも見てもらうといい」と予想できたので，1月の授業参観の日にしました。そしてそれは大成功。子どもたちだけでなく，お家の方にも喜んでもらえました。そこで，以下，今回ボクがやった授業の様子を紹介します。

●授業までの準備
1．アンケートを中学校に依頼する（アンケート原本は文末の資料参照）。

　今回は○○中の1年学年主任の先生にお願いして，3学期の始業式の日にアンケートしてもらいました（集計の手間を考えると，冬休み前にアンケートをしてもらい，冬休み中に集計と授業用のプリント作りをしてもいいかもしれません）。

2．アンケートを集計。授業用のワークシートやプリントを作る。

　今回の授業で作ったのは234～246ぺの枠で囲まれた部分です。

授業の流れ

●「中学生になって大変なこと」は？──〔問題1〕の説明

　まずは次のような感じで授業の趣旨と〔問題1〕の説明をします。

高橋　今日の学活は「中学生活を知ろう」です。いよいよみんなは4月から中学生ですね。ところが，その「中学校」に対して

みんなは正しいイメージや正しい情報を持っているかというと，かたよったイメージ，かたよった情報を持っている人もいるように思います。そんな情報から不安で一杯の人もいるのではないでしょうか。

　そこで，自分の持っている中学校のイメージは実際とどこが同じで，どこが違うのかを考えてもらうきっかけになったらいいなと思い，○○中学校の1年生全員にアンケートをしました。みんなの1つ上の先輩の生の声ですから，役に立つことは多いと思います。その結果をクイズにしたので，考えてみてください。

　　＊○○中学校はこの6年生が進学する中学校。実際の授業では学校名を入れてあります。

授業の趣旨は事前に伝えてあったので，子どもたちは既に楽しみにしています。お家の方も10名近くいらっしゃったので，これを2チームに分けて，子どもたちと同じ問題に挑戦してもらいました（授業で使うワークシートも保護者用に少し余分に作っておいたのが役立ちました）。

　続いて問題1の説明です。班に1枚ずつ次ぺのようなワークシート（実物はB4判）を配り，問題を読みます。それから，以下のような補足説明をしました。

高橋　中学生活を始めて9カ月たった1年生が，小学校と比べてどんなことを大変だと感じているでしょうか。「小学校と同じ感覚でいると苦労するよ。困るよ」ということにはどんなことがあるのでしょうか。中学生には，「9つの中からいくつでもいいから」ということで，選んでもらいました。

問題1．○○中学校1年生77人に聞きました。
「中学生活の中で，小学校と同じ感覚でいると大変なこと」は何ですか。

- 授業　　・宿題（家庭学習）・テスト
- 部活動　・生活習慣　　　　・校則などのきまり
- 友達関係・先輩後輩の関係　・先生との関係

【予想】	
1位	
2位	
3位	
4位	
5位	
6位	
7位	
8位	
9位	

【結果】		
1位		人
2位		人
3位		人
4位		人
5位		人
6位		人
7位		人
8位		人
9位		人

得点　　　点／100点

●「中学1年生の回答」を予想する

　予想は「9つの項目のうち，大変なこととして選んだ中学1年生の人数の多い順」のランキングを当ててもらうわけです。

　そこで，班ごとに「テスト」「部活動」など9つの選択肢が書いてあるカードを配り（予想用と結果用の2セット18枚×班の数を用意しておきます），班ごとに予想を話し合って並べ替え，おちついたところで【予想】欄にのり付けしてもらいます。

　ここでの班の話し合いの時間もなかなか有効です。個人で予想してもいいのですが，相談することで「うちのお姉ちゃんが，〈部

活は……〉って言ってたから絶対もっと上位やって！」などと出し合うことで、各自が持っている中学校の情報交換が自然とできていくのです。

● 〔問題１〕の結果発表と採点
高橋　さて、どんなことを大変と感じている中学生が多かったでしょうか。中学１年生が今感じていることと、あなたの予想していることはどのくらい一致するでしょうか。実際の中学生の思いと、あなたの持っているイメージの違いが分かると思います。

　ということで、班ごとに、上位にランクされそうな項目を発表してもらいます。ボクはその順位を発表し、板書。子どもたちも【結果】欄に貼っていきます。人数も記入します。

　９項目の順位が確定したら、得点をつけます。線で結んで交点の数が少ないほど当たりが多いということです（下図）。こうすると〈予想とのズレ〉が視覚的に分かるし、この計算方法は順位の並べ替えを判定するときに「数学的」に妥当な方法な

【予想】		【結果】	
１位	宿題(家庭学習)	１位	テスト	人
２位	テスト	２位	宿題(家庭学習)	人
３位	先輩後輩の関係	３位	授　業	人
４位	授　業	４位	部活動	人
５位	友達関係	５位	先輩後輩の関係	人
６位	部活動	６位	生活習慣	人
７位	生活習慣	７位	校則とかのきまり	人
８位	校則とかのきまり	８位	友達関係	人
９位	先生との関係	９位	先生との関係	人

100点 − 10点×6 ＝ 40点

んです。……ということを、大学で習いました（ボクは教育学部数学専攻）。

「100点－交点の数×10点」で計算して、点数を発表してもらい、板書します。今回の授業では、子どもたちの得点は30～70点でした。ちなみに、町内の6年担任の先生に紹介がてら模擬授業をしたときには、0点の人もいました。予想とのズレを楽しんでもらいたいと思っています。

●中学生からのコメント紹介──〔問題１〕について

ランキングが出ると、その理由が知りたくなるのは当然の流れです。そこで……

高橋　ところで、中学生にアンケートをお願いしたときに、特にこういうことが大変だ、困る、苦労する、という、その理由も書いてもらいました。参考になることもあると思います。中学生からのコメントとして読んでください。

そう言って、次のプリントを配り、先輩からのコメントを読みます。「うわ～」とか騒ぎながら聞いてくれます。ランキングだけに終わらず、この「先輩からのコメント集」が、この授業が「役に立った」と喜んでもらえるところです。

【大変な理由】
1位　　テスト（65人）
◇問題の数もテスト範囲も多くなるから大変。
◇小学校ではテスト勉強しなくても大丈夫だけど、中学校ではたくさ

ん勉強しないと大変です。
◇小学校のテストは直感やどこかに答えがあるけど，中学校（特に社会）のテストはホンマに覚えとかないと答えられなくなります！
◇２週間前から勉強をして，５教科の合計点数で学年の順位が出る。
◇テスト勉強期間が２週間前からあって，最低でも２～３時間は勉強しないと後悔するから。
◇単元が終わるとすぐテストというわけではないので，忘れていることが多く，テスト勉強をきちんとしないとやばいです。
◇テストの回数は小学校に比べて少ないですが，その分範囲も広く，大事で，進路にも関わります。テスト勉強では，ワークなどをくり返しすると頭に入ってくると思います。
◇寝る時間が遅くなる。
◇カラーじゃない。白黒。
　２位　　　宿題（家庭学習）（42人）
◇担任の先生が出してくれるわけじゃなくて，教科ごとにその先生から宿題が出るので大変。
◇部活で帰りが遅く，宿題が多いのでやるのが大変。
◇１教科の宿題が多く，全部たすと，一日６個や７個の宿題が出され，しかも土日祝はすっごく多い。
◇小学校のときには「多いなあ」と思っていた宿題でしたが，それが倍以上に増えて，しかも毎日のように出る気がします。多いときは10個くらい出たような……。一番きついのは「過去問のプリント」です。
◇夏休みも部活で忙しいのでゆっくりしてられませ～ん。
◇難しくなったり，多くなったりするけど，授業をしっかり受けていたら大丈夫だと思います。
　３位　　　授業（34人）
◇先生が教科ごとに変わる。

◇50分授業。小学校より５分長くなる。
◇進むペースが速い。
◇黒板に書いてあることをノートに写す量が多い。
◇教室の移動が多い。
◇勉強（自主学）をしないと本当に分からない。
４位　　部活動（28人）
◇小学校のときはなかったので，ほぼ毎日あるというのが大変。休日にも練習や練習試合がある。
◇本格的で内容もきつい。体力がないときつい。
◇遊び半分では強くなれない。
◇真剣に取り組まないと先生や先輩に迷惑をかける。
◇ほぼ毎日あるから大変。
◇すばやく行動しなければならない。
５位　　先輩後輩の関係（22人）
◇小学校では上級生を「○○ちゃん」「○○くん」と呼んでいたのが，中学校では「○○さん」「○○先輩」と呼ぶようになる。
◇同じ小学校の先輩でも敬語を使わなければならない。
◇同じ部活の先輩には（先生にも）大きなあいさつを笑顔で。
６位　　生活習慣（17人）
◇ぐうたら生活ができません。
◇普通の授業は制服なので，体育や掃除のたびに体操服になったり制服にもどったりしなければならない。着替えが多い。
◇宿題も多いし，テストが近くなるとテスト勉強で夜が遅くなります。夜は早めに寝て，次の日の授業に備えるのも大事です。
◇あんまり遅く寝ると，実は結構疲れがたまっていて次の日起きれなくなる！
◇プリントや提出物も多いので，忘れ物が多い人や整理整頓ができない人は苦労します。

7位　　校則などのきまり（13人）
◇これは絶対しっかり守らないとダメ！　周りの人にも迷惑をかける。
◇身なりや服装とか。きちんとしない人はすごく注意されるかも！

*

　どうでしたか。自分がイメージしていた中学生活と同じでしたか。違っていることが多かったですか。大変なことが多くてちょっとショックを受けて人もいるかもしれません。でも、これは「大変なこと」の理由を聞いたのですから、当然といえば当然です。
　そこで、逆に「中学生活の中で、あまり心配しなくてもいいこと」も聞いてみました。9項目の順位は次のようになりました。

　　　　「中学生活の中で、あまり心配しなくていいこと」集計結果
　1位　　友達関係　　　　　　57人　　2位　　先生との関係　　　28人
　3位　　先輩後輩の関係　　　22人　　4位　　生活習慣　　　　　18人
　5位　　校則などのきまり　　15人　　6位　　授業　　　　　　　13人
　6位　　部活動　　　　　　　13人　　8位　　宿題（家庭学習）　　6人
　9位　　テスト　　　　　　　　2人

数の多少はありますが、どの項目にも「大変」といった人もいれば、「あまり心配しなくていい」といった人もいました。ですから、いちがいに「大変」と決めつけられないですね。

　前半で厳しい現実を知りつつ、後半ではちょっと安心してもらうように作ってみました。

●勉強／部活、もう一つ大事なこと――〔問題2〕

　次のワークシート（B5判）を班に1枚ずつ配布して、〔問題2〕をします。
　班で予想を3つ立てたら、発表してもらいます。上位が出たら

板書。なかったら「残念！ ○○はありません！」などと言って進めます。外れても「なるほどな〜」と思わせる発表もあるので楽しいです。

問題2．○○中学校1年生77人に聞きました。
――――中学校は勉強も部活も大事。
　　　けれど，□□□□□□□も大事。
　さて，あなたなら□□□□□□□に何という言葉を入れますか。
〔予想〕上位に入りそうなもの（こと）を3つ書きましょう。

得点　　　点／100点

子どもたちの予想
1班　生活習慣，校則，遊ぶこと
2班　友達，生活習慣，遊ぶこと
3班　遊ぶこと，食べること，友達と仲良くすること
4班　人間関係，校則，生活習慣
5班　便のリズム，スタイル，お金
6班　友達，校則，先輩後輩

中学生があげた〈勉強／部活〉以外の大切なこと
1位　友達　　　　　　　　　　　39人　（圧倒的です）
2位　休むこと（休息・休憩・息抜き）7人
3位　遊ぶこと（遊び）　　　　　6人
　　　楽しむこと　　　　　　　6人

5位	よい生活習慣	2人
	あいさつ	2人
	睡眠	2人

「〈遊ぶこと〉と〈楽しむこと〉はいっしょやん」というクレームも出ましたが，とりあえずこれは別にしてカウントしました。

1位の「友達」を当てたら20点。3位までに入るのを当てたら10点。最高40点満点ということにして，得点を板書します。

● 「中学生活」を漢字一文字であらわすと――〔問題３〕

流れは問題２と同じ。得点のつけ方も同じ。

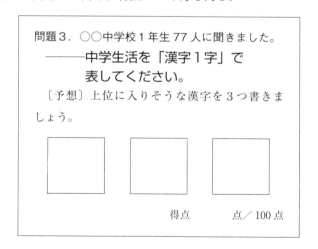

子どもたちの予想

1班　忙・友・学　　2班　難・努・友　　3班　苦・楽・勉
4班　疲・楽・難　　5班　友・遊・字　　6班　苦・成・疲

結構つらそうなイメージの字が多いです。

中学生のあげたこと
1位　楽　22人　　2位　忙　6人　　3位　新　4人
4位　学・難・初　　　　3人
5位　変・笑・厳・苦・気　2人

　問題1の結果や，問題2で「休むこと」が2位に入っていることなどから，授業ではなかなか「楽」の文字が出てきませんでした。だからこそダントツの1位にみんなびっくり。
　「忙」は習ってない漢字でしたが，書いている班はありました。別の班からは「〈疲れる〉っていう字が分からんから教えて」と言われたので教えてあげました。上位にありませんでしたけど。
　別の中学校下の先生からは「B中やったらこんな結果にならんわ」という声もありました(B中は同じ町内のもう一つの学校ですが，○○中とはまた違った校風の学校です)。確かに学校間の違いはあって当然で，それもおもしろいと思います。でも，中学生って，「えらい，しんどい」と言いながらも，どこでも，やっぱり「楽しい」は上位にランクされそうな気がします。それが「青春」というものじゃないかとボクは思うのですが。
　……と予想していたのですが，これが実験できました！　このB中校下の小学6年担任が「これはおもしろそうだ，やってみたい」ということで，同じようなアンケートをしてくれたのです。その結果，やはり「楽」がダントツで一位だったのです。
　授業では，このあと，これまでの結果をあらかじめプリントしておいたものを「持ち帰り用」として配りました。

なお，授業では漢字1字をグラフ化したものを拡大して掲示したところ，笑ってもらえました。中学生活は「新しい」こと，

```
　　　　　　4位までの漢字グラフ
楽楽楽楽楽楽楽楽楽楽楽楽楽楽楽楽楽楽楽
忙忙忙忙忙忙
新新新新新
学学学
難難難
初初初
```

「初めて」のことも多く，「学習」は「難しく」なり，「忙しい」ですが，それ以上に何よりも「楽しい」ということが，このグラフから伝わってくると思うのですが，どうでしょうか。このグラフ，ボクは気に入って，しばらく教室に掲示しておきました。

● 先輩からのメッセージを読む

最後のプリントを配って読みます。覚悟しながらも安心してもらうように配列したつもりです。

さて，中学生活というものについて少しはイメージがわいたでしょうか。実はこのアンケートの中で，最後に「先輩から後輩の小学生にメッセージがあったら書いてください」とお願いしたら，たくさんの先輩がみんなにメッセージを書いてくれました。いくつか紹介します。

【先輩から】
小学校残り3ヵ月で心がけたり，できるようにしておいた方がいいと思うこと
◇一度で話が聞けるように。
◇「しっかりあいさつすること」「正確に聞き取ること」「正しく聞く

姿勢」などをできるようにした方が中学校で役立ちます。
◇積極的に声を出すこと。
◇敬語を使えるようにしておいたほうがいい。ぼくも中学校に入ってすぐ，先輩方に敬語を使わずしゃべったら怒られました
◇ちゃんと敬語を話せるようにした方が先輩と仲良くなれるかなーと思います。
◇常にしっかりと大きな声であいさつができるようにした方がいいと思う。
◇自主勉強のくせをつけておいた方がよいと思います。
◇しっかり授業のノートを書くペースを身につけておくといいと思います。
◇生活習慣を正しく。
◇制服登校は時間がかかるから，早めに朝の準備をした方がいい。
◇今は残り３ヵ月を一日一日大事に過ごしてください。

　この中で今の自分が心がけるといいと思うことはありますか。中学校をより楽しく，スムーズにスタートさせるための先輩からのありがたいアドバイスです。
　最後に先輩からのメッセージです。

　メッセージ
◇私は初め，友達ができるか，勉強についていけるか，すごく心配でした。でも，自分からしゃべっていくことで，友達はすぐできました。勉強は難しくなるけど，とても楽しいです。みなさんもリラックスして中学校へ来てくださいね。
◇私も最初は心配なことがたくさんありました。でも，友達ができ，とても楽しい学校生活がおくれています。心配かもしれませんが，学校に慣れると，とても楽しいです‼

◇僕も中学校に入る前に心配していた「友達」は全然大丈夫です。後はとにかくテスト勉強をがんばった方がいいと思います（順位も出るので）。

　小学校6年生の私が今くらいのころ，本当に不安で，中学校より小学校にいたいという気持ちでいっぱいでした。でも入学してから友達が増え，とっても楽しいです。絶対に楽しいです。
◇私も最初はすごく心配で小学生のままがいいなぁと思うことが何回もありました。でも今は中学生の方がいいと思うようになりました。勉強は難しいですが，友達と仲良くできるのでとてもいいです。中学校とても楽しいですよ！
◇あんまり心配するより前向きに！
◇6年生は宿題も多いと思いますが，それも中学校に備えるためなので，しっかりやってがんばってください。

　　○○中は先生も先輩もおもしろくて楽しいです！　待ってます！
◇一番心配しなくても大丈夫なことは，先輩・後輩の関係です。みんな優しいし困ったときはいつでも助けてくれます。怒るときには，しっかり怒ってくれます。

　部活は，自分ががんばれば，本当に楽しいです。
◇中学校は大変なことがたくさんあるけど，楽しいこともたくさんあります。だから，そんなに心配しなくて大丈夫だと思います。

　授業も5分長くなるけど，小学校とそんなに変わらないし，学習内容も難しくなるけど，先生がていねいに教えてくださるので，大丈夫です。

　先輩もとても優しいので，中学校はとても楽しいところです。
◇テストも，勉強をしっかりすれば大丈夫だし，授業も先生の話をよく聞いていれば大丈夫だと思います。部活も楽しいです！
◇中学校はプラス思考で考えていけばすごーく楽しいところです。
◇中学校は大変で大変で大変だけど，楽しいこともあります。行事と

かは本当にすっごく楽しいですっ！
◇4月，中学校に来たときは仲良くしましょう。楽しみにしています。
＊
　いかがでしたか。不安は減りましたか。楽しみが増えましたか。それとも逆にユーウツになりましたか。
　中学校は「大変なこと」もあるけれど，それは見方を変えれば「やりがいがある」「充実している」ということでもあるということが，先輩からのメッセージから伝わってくると思うのですが，どうでしょうか。
　ところで，これはアンケートの集計結果ですから，「正解」というものではありません。あくまでも一つの「情報」として受けとめてください。
　それでも，この授業が中学校に向けての「心の準備」をする一つの材料になればいいなと思っています。
〔以上，プリント〕

　最後に，「授業の評価（5段階）」と「感想」を書いてもらいました。お家の方からも圧倒的に好評だったのですが，ここでは紙数がたりないので省略します。ただ，このときの感想用紙は観点を細かくしすぎて，質問が少しいやらしくなったと反省しています。単に授業の感想を書いてもらうだけでいいと思います。
　時間は，45分ではちょっと足りませんでした。ゆっくり「そう考えた理由」なんかを話してもらいながら進めると，もっとおもしろい気がします。そうすると2時間いるかな。

●明るい見通しを持って終わる展開に

　先日もこの授業を参観されたお家の方と話をしていたら，「あの授業はよかった。初めはネガティブな話ばっかりでどうしよう〜と思っていたけど，1位の漢字が"楽"で本当にうれしかった」と言っていただけました。

　お家の方にも喜んでもらえるので，授業参観にもいいですし，参観できなかったお家の方のためにもぜひ学級通信にするといいと思います。

　なお，お世話になった中学校へ，お礼がてらに学級通信を届けたところ，中学校の先生方も喜んでくれて，職員室で回覧されたそうです。とってもいい「小中連携」の取り組みができた気分です（気の乗らない「小中連携」の取り組みがまた多いもので…）。

●元ネタは 15 年前

　実はこの授業，元は 15 年前，ボクが中学校に勤務していたときに「高校 1 年生○○人に聞きました」と題して同じように高校生にアンケートをして中学生に当ててもらうというということをしていたのです。サークル資料にもしました。

　当時，文部省指定の県内唯一の進路指導研究指定校で研究授業をすることになり，苦し紛れに生まれた授業でした。その当時も，「これは小学校から中学校に行くときにも使えるんじゃないか」と思っていたのですが，まさに今回はその実験ができたというわけです。

　授業をするときに意識した「教師の役目は情報提供」という視点は，中 一夫さんの『たのしい進路指導』（仮説社）の研究から

学んだものですし,「クイズ○○人に聞きました」形式のアイデアは小川洋さんから学んだものです(小川洋「クイズ100人にききました」『教室の定番ゲーム1』仮説社,所収)。

●マネしてもらえることを提供できたうれしさ

さて,この授業,うれしいことに「マネしてくれる率」がとても高いんです。町内のもう一校の中学校,B中学校校下の小学校でもマネしてくれました。アンケートを集計してくれた三宅育代さんからのメールです。

> B中学校でもアンケートをとらせていただきました。○○中とよく似た結果で,ほっとしています。どこの中学生も考えていることは同じなのですね。明日が授業参観なので,高橋先生風に授業してみます。いつも素敵なネタをいただき,ありがとうございます。

マネしてもらえてうれしいですよね。マネしてもらえるようなものを提供できたということですからね。教育界は「やれと言われたからやっただけ」「マネできない自慢だけ」「とりあえず頑張りました」の実践報告が多すぎます。

福井のサークルでも,中3担任の辻真知さんが4月の授業参観で「高校生に聞きました」をやったそうですし,辻威佐夫クンは小6担任のときに既に「中学生に聞きました」をやってくれていました。

また,2月(2011年)に東京出張があり,ちょうど昭島のサークルに参加することができたので,この資料を発表させてもらいました。その際,山路敏英さん(東京・元中学校)から「みんながマネできるように資料をまとめてくれているのがうれしい」と

言っていただきました。さらに次のようなコメントもいただきました（ボクのノーミソテープ）。

　中１の４月にある「新入生オリエンテーション」にも使えるよ。そこで中学校生活について先輩の代表が話をするんだけど，たいてい生徒会長だったりして，そういう子が「中学校生活は楽しいです！」なんて言っても説得力がないんだよ。
　それに対して高橋さんのやり方は「一般大衆」のアンケートの集計結果でしょ。だから説得力があるよ。

そして，後日，田辺守男さん（埼玉・中学校）からは次のようなメールが届きました。

　この前，サークルで高橋さんが発表してくれたアンケートを中１でやりました。ほぼ同じ結果なので驚きました！　問題２では「友達」が２位で，「楽しみ」が１位だったのは，うちの子たちの友達関係が割とうまくいっているからでしょう。明後日の保護者会で話ができます。ありがとうございました。

なるほど，「新入生オリエンテーション」や「保護者会」でも使えるんですね。アンケートの依頼と集計は少し面倒だけど，みなさんに喜んでもらえると思うとつい張り切ってしまうものです。この授業，おすすめです。

　　〔次ぺに，資料「中学生に依頼したアンケート」を掲載〕
　＊実際には，Ａ４の紙に印刷してアンケートをお願いしました。

　　　　　　　　　　　　　　　　　年　月　日

○○中学校1年生のみなさんへ

　　　　　　　○○地域小学校6年生担任一同

アンケートのお願い

　○○中学校1年生のみなさん，こんにちは。○○中校下の小学校で6年生を担任している私達からみなさんにお願いがあります。私達が今担任をしている6年生は4月から中学生になるわけですが，中学生活に期待と同時に不安も抱いています。そこで，中学生活のイメージをふくらませることができるといいなと考え，みなさんにアンケートをお願いすることにしました。

　このアンケートの集計結果をもとに，「クイズ○○中学校1年生80人に聞きました」と題して，6年生に授業をしようと思っています。6年生が中学校に入学するにあたって役に立つ情報を知ることができたり，心配事が減ったりするとうれしいなあと思っていますので，アンケートにご協力お願いします（アンケートは裏面）。

　　　　　　　　　　　　オモテ

1．中学生活の中で，小学校と同じ感覚でいると大変なこと（苦労すること，困ること）は何ですか。次の9つの中から選んで○で囲んでください（いくつでもいいです）。また，その理由もぜひ教えてください。

・授業 ・宿題（家庭学習）・テスト ・部活動 ・生活習慣
・校則 ・友達関係 ・先輩後輩の関係 ・先生との関係

理由

2．1の逆です。中学生活の中で，あまり心配しなくてもいいことは何ですか。次の9つの中から選んで○で囲んでください（いくつでもいいです）。

・授業 ・宿題（家庭学習）・テスト ・部活動 ・生活習慣
・校則 ・友達関係 ・先輩後輩の関係 ・先生との関係

3．中学生活を「漢字一字」で表すとズバリ何という字になりますか。

4．中学校は勉強も部活も大事。けれど，　　　も大事。さて，あなたなら　　　に何という言葉を入れますか。

5．先輩として小学6年生にメッセージがあればお願いします（一言メッセージでもいいですし，小学校残り3ヵ月で心がけたり，できるようにしておいた方がいいと思うことがあったら教えてください）。

ウラ

お役立ちグッズのご案内

　仮説社では，本書で紹介したような「授業に役立つグッズ」の通信販売をしております。ここでは本文で紹介しきれなかったお役立ちグッズの中から，特に人気のあるものについてご紹介いたします（一部の商品を除いて，書店では販売しておりません）。

●のび〜る指差し棒　本体600円

本文に登場している「ピンポンブー」と並ぶ定番お役立ちグッズの一つ。90cmの長さまで伸びるので，黒板をすみずみまで指せます。持っているだけで，子どもたちの反応もぐ〜んとUP。

●フェイシーズスタンプ　本体500円

シリコン素材の顔型スタンプ。柔らか〜い素材なので，グニュッとにぎると，怒ったり笑ったり泣いたり，いろんな表情に変わります。×から◎まで，これ一つあればOK！（＊スタンプ台が別に必要です）

●水分子くんマグネット　本体500円

『ビーカーくんとその仲間たち』に登場する「水分子くん」のマグネットステッカー。黒板に貼り付けると教室が賑やかになるだけでなく，セリフの吹き出しを添えるとお知らせにも使えます。〔サイズ：13.7 × 16.2cm〕

●内臓の大きさ説明エプロン　本体4400円

内臓の名前と配置がプリントされたエプロンに，マジックテープで取り外し可能な内臓が貼りつけてあります。内臓の大きさや場所を活き活きとイメージできるので，解剖の授業の際は，ぜひ身に付けましょう。小腸を引っぱりだすと，しまうのは大変です…。〔部位：心臓／肺／胃／肝臓／腎臓／小腸／大腸／食道／気管〕

●単位換算定規　本体400円

赤いブロックをスライドさせると，単位同士の関係が一目で分かるスグレモノ定規（例：1 m = 100cm = 1000mm, 1 L = 10dL など）。単位は，面積／長さ／体積／重さ／体積の5種類。長さは17cm。

●歴史を見るモノサシ　本体500円

紀元1年から2000年までの日本の歴史を概観できる全長30cmの定規。「原始・古代・中世・近世・近現代」「弥生／古墳／奈良／鎌倉／室町／戦国／江戸／明治／大正／昭和／平成」等の区分が目盛に記されています。

●トクトク九九のうた　本体2000円

定番「九九のうた」「日本列島どっこいしょ」「スイヘイリーベ〜魔法の呪文」をはじめ，国語，算数，社会，理科，英語の暗記ものの歌を収録。なんと1枚に25曲も入っています。さらに目で見て覚えるためのDVD付き！

●かたろーぐ　本体2000円

身近にあるカタログやチラシを使ってお互いの好みのランキングを当てるカードゲーム。子ども同士の関係が深まり，和やかで居心地のよい空間が生まれまると評判です。特別支援教育の現場でも活用できると，人気沸騰中!!

●おはなし迷路はがき　本体各600円

人気児童書作家・杉山亮さん作の絵葉書。迷路を正しく読み進んでいくと，お話が完成します。誰でも知っているお話なのに，道をまちがえると違うストーリーになってしまう楽しい迷路。お子さんへのプレゼントにおすすめ。
〔お話の種類〕★「おおきなカブ他」（かさじぞう／なかまはずれのこうもり／モモタロウ／分福茶釜／町のネズミといなかのネズミ），★「こぶとりじいさん他」（つぼの魔神／みにくいアヒルの子／王様の耳はロバの耳／金太郎／親指姫）の2種類。

●短所を長所に変えたいやき　本体 1400 円

「短所」を「長所」に変える性格逆転ゲーム。オモテ面に長所，ウラ面に短所を記した表裏一体のたいやきカード 48 枚を使って，遊びながら自分や相手の新しい一面が発見できます。学校の先生からも「通知票所見を書くときにも使える！」と評判です。

●足算（あしざん）　本体 1000 円（＊書店注文可）

裏返しにしたカードをめくって，出てきた動物の足の数を足して 10 をつくるゲーム。集中力・記憶力を刺激するだけでなく，10 までの計算の練習にもなり，しかも知らないうちに動物についての知識まで身についてしまう画期的なカードゲームなのです。

●トーキングテープ　本体 550 円

紙コップや風船など，音を反響しやすいものに密着させて，テープの凸凹面をツメでこすります。すると……「がんばって！」――なんとテープから不思議な声が!!　「がんばって」「おめでとう」「あなたが好きよ」の 3 本入り。

■商品注文は下記まで

〔仮説社〕ホームページ　http://www.kasetu.co.jp/
☎ 03-6902-2121 ／ FAX 03-6902-2125
hanbai@kasetu.co.jp
〒170-0002　東京都豊島区巣鴨 1-14-5　第一松岡ビル 3F

　商品価格および在庫状況は常に変動しています。最新情報は小社 HP でご確認ください。HP からのご注文の場合，お支払い方法は，クレジット決済や代引き，後払いなどをお選びいただけます。☎，FAX，E-mail でのご注文も承っております。公費でのご注文にも対応可能です。グッズ・実験器具の送料は，税込合計 3000 円まで 300 円，6000 円まで 400 円，それ以上は 600 円，1 万円以上で無料です。また，小社発行の書籍は，何冊でも無料でお送りいたします。

マネしたくなる 学級担任の定番メニュー

無断転載厳禁　Ⓒ「たのしい授業」編集委員会／代表：板倉聖宣

2017年 3月5日　　初版1刷（1500部）

編者　「たのしい授業」編集委員会／代表：板倉聖宣
発行　株式会社 仮説社
　　　〒170-0002　東京都豊島区巣鴨1-14-5　第一松岡ビル3F
　　　Tel 03-6902-2121　　Fax 03-6902-2125
　　　E-mail：mail@kasetu.co.jp　URL＝http://www.kasetu.co.jp/
印刷　平河工業社　Printed in Japan
用紙　鵬紙業（本文＝クリーム金毬BY65／カバー＝モンテルキア菊Y77.5／表紙＝片面クロームカラーN(ホワイト)菊T125／見返し＝タントP66四六Y100／口絵＝OKトップコート＋四六Y90）
装丁　いぐちちほ

　　　＊定価はカバーに表示してあります。落丁・乱丁はお取り替えします。

ISBN978-4-7735-0280-0

●仮説社の本 ＊表示価格はすべて税別です

生きる知恵が身に付く道徳プラン集

「たのしい授業」編集委員会編　価値観の押しつけで，息苦しくなりがちな道徳の授業。でも，道徳は本来，「子どもたちが知っていると役に立つ知識」，つまり〈上手に生きるための知恵〉を学ぶことができる楽しい時間であるはずです。定評のある道徳プランをたっぷり14本収録。
ISBN978-4-7735-0266-4 C0037
Ｂ６判304ペ〔初版2016年〕　　　　　　　　　　　**本体1800円**

学校現場かるた　学校の法則・生き抜く知恵

中　一夫著　こどもや保護者との付き合い方，職員室の人間関係，そして，自分との付き合い方……。今まで見えなかった学校現場を生き抜いていくための知恵・法則を〈かるた〉にまとめました。悩んだとき，パラパラめくってみるだけで，現状打開のヒントが見つかるかも!?
ISBN978-4-7735-0232-9 C0037
四六判142ペ〔初版2012年〕　　　　　　　　　　　**本体1600円**

いじめられるということ

小原茂巳著　自身の「いじめ」体験と，いじめられていた子との関係から，学校でのいじめ問題を考え直す。子どもと教師がいい関係なら，「いじめ」は陰湿にならない。では「いい関係」をつくるには？　教師の立場からのユニークな「いじめ」対策も提案。
ISBN978-4-7735-0254-1 C0337
Ａ５判75ペ〔初版2014年〕　　　　　　　　　　　**本体800円**

カードゲームでたのしい授業

淀井　泉著　全国の特別支援学校（学級）や小学校を中心に，多くの支持者を得て広がりをみせている「カードゲーム」による学習法。本書は，子どもたちの競争意識をあおることなく，子どもたちの楽しさを徹底的に優先し，しかも学習効果が上がる学習法を紹介しています。
ISBN978-4-7735-0277-0 C0037
Ａ５判77ペ〔初版2016年〕　　　　　　　　　　　**本体800円**

みんなのおりぞめ

山本俊樹編著　おりぞめは，大人でも子どもでも，色のセンスや経験のあるなしにかかわらず，やってみようと思えばだれでも，だれとでも楽しめるものづくり。本書は，おりぞめの基本的なやり方から，紙や染料の用意の仕方，染め紙の利用法まで丁寧にガイドします。
ISBN978-4-7735-0270-1 C0072
Ａ５判80ペ〔初版2016年〕　　　　　　　　　　　**本体1500円**